Norbert Engst

# Der Chemnitzer Süden

## Luftbilder aus acht Jahrzehnten

Sax Verlag

## Dank

Herzlich gedankt sei an dieser Stelle den Unterstützern und Sponsoren des Buchprojekts:
- VITA-CENTER Chemnitz
- Wohnungsgenossenschaft »EINHEIT« eG Chemnitz
- Sparkasse Chemnitz

Sparkasse
Chemnitz

## Impressum

Bibliografische Information der Deutschen Nationalbibliothek:
Die Deutsche Nationalbibliothek verzeichnet diese Publikation in der
Deutschen Nationalbibliografie; detaillierte bibliografische Daten sind im Internet über
http://portal.dnb.de abrufbar.

ISBN 978-3-86729-260-3

1. Auflage 2020

Druck und Bindung: Westermann Druck Zwickau GmbH
Einbandgestaltung und Layout: Birgit Röhling, Markkleeberg
www.sax-verlag.de

# Inhalt

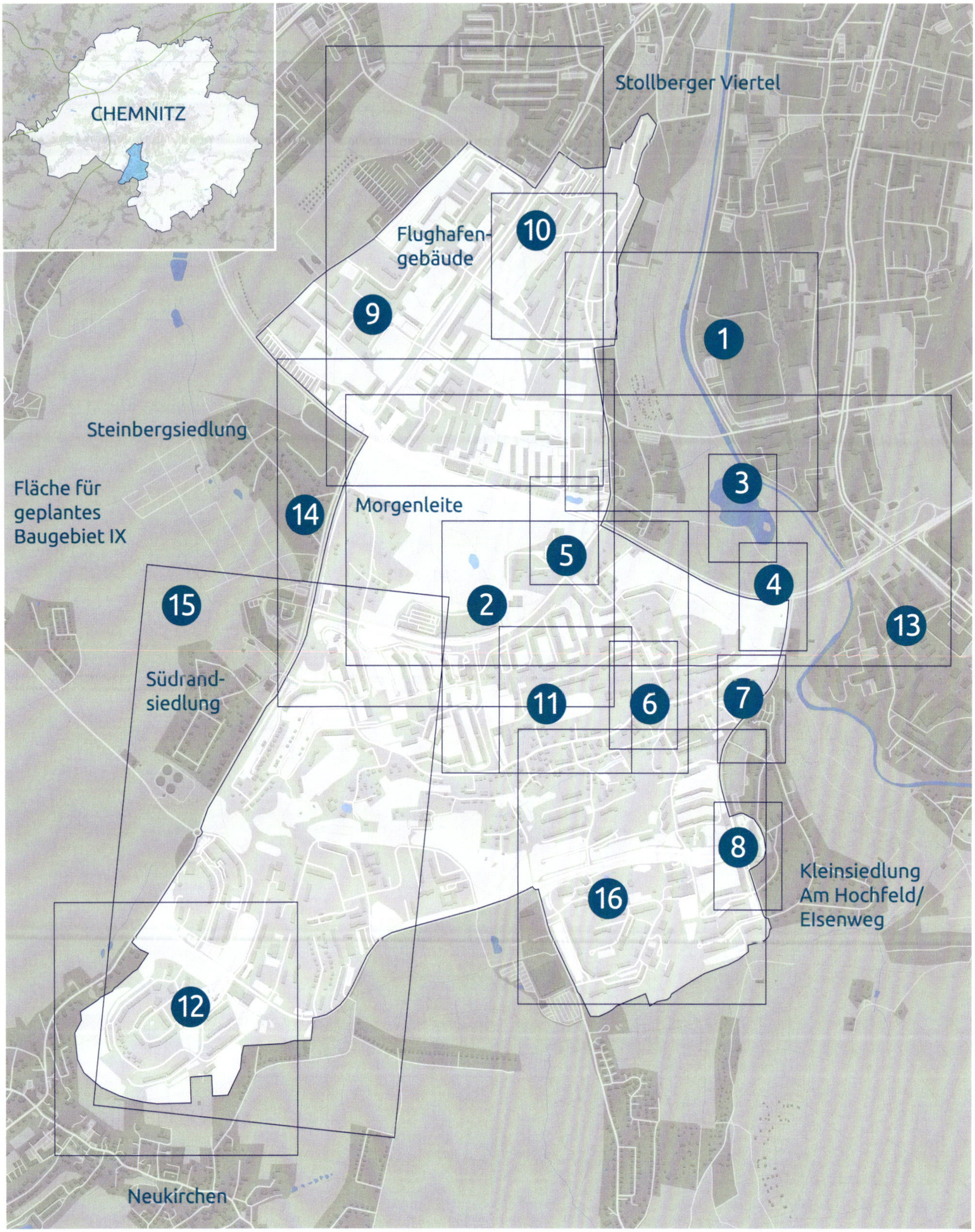
CHEMNITZ
Stollberger Viertel
Flughafen-
gebäude
Steinbergsiedlung
Fläche für
geplantes
Baugebiet IX
Morgenleite
Südrand-
siedlung
Kleinsiedlung
Am Hochfeld/
Elsenweg
Neukirchen
1
2
3
4
5
6
7
8
9
10
11
12
13
14
15
16

# Das Wohngebiet »Fritz Heckert« im Süden von Chemnitz

Auf den nachfolgenden Seiten zeichnen einzelne Luftbilder und Luftbildserien die eindrucksvolle und wechselhafte Geschichte des Chemnitzer Südens der vergangenen acht Jahrzehnte nach. Seit der Grundsteinlegung des Wohngebietes »Fritz Heckert« am 5. Oktober 1974 veränderten die Landschaften, die weiten Wiesen und Felder, um Helbersdorf und Markersdorf stark ihren Charakter. Für eine bessere Verortung der gezeigten Luftbildausschnitte steht in der unteren Bildecke der Detailaufnahmen eine blau hinterlegte Zahl. In der vorstehenden Karte (Seite 4) ist zu jeder Zahl der entsprechende Bildausschnitt dargestellt.

# 1945

Das Luftbild vom 10. April bezeugt die Spuren der Luftangriffe vom Februar bis Anfang April. Obwohl zwischen einem Flughafen und den großen Industriegebieten östlich, also rechterhand des Chemnitz-Flusses, gelegen, kamen Helbersdorf und Markersdorf ohne größere Schäden an Gebäuden durch den Krieg. Vom Schicksal der Stadt vermochte man sich selbstverständlich nicht zu lösen. Die knapp ein Dutzend Luftangriffe forderten über 3 500 Menschenleben. Neben der Zerstörung von mehr als einem Viertel aller Wohnungen im Stadtgebiet hörte überdies die historische Altstadt mit ihren prächtigen Gebäuden, Straßenzügen und Parks auf zu existieren.

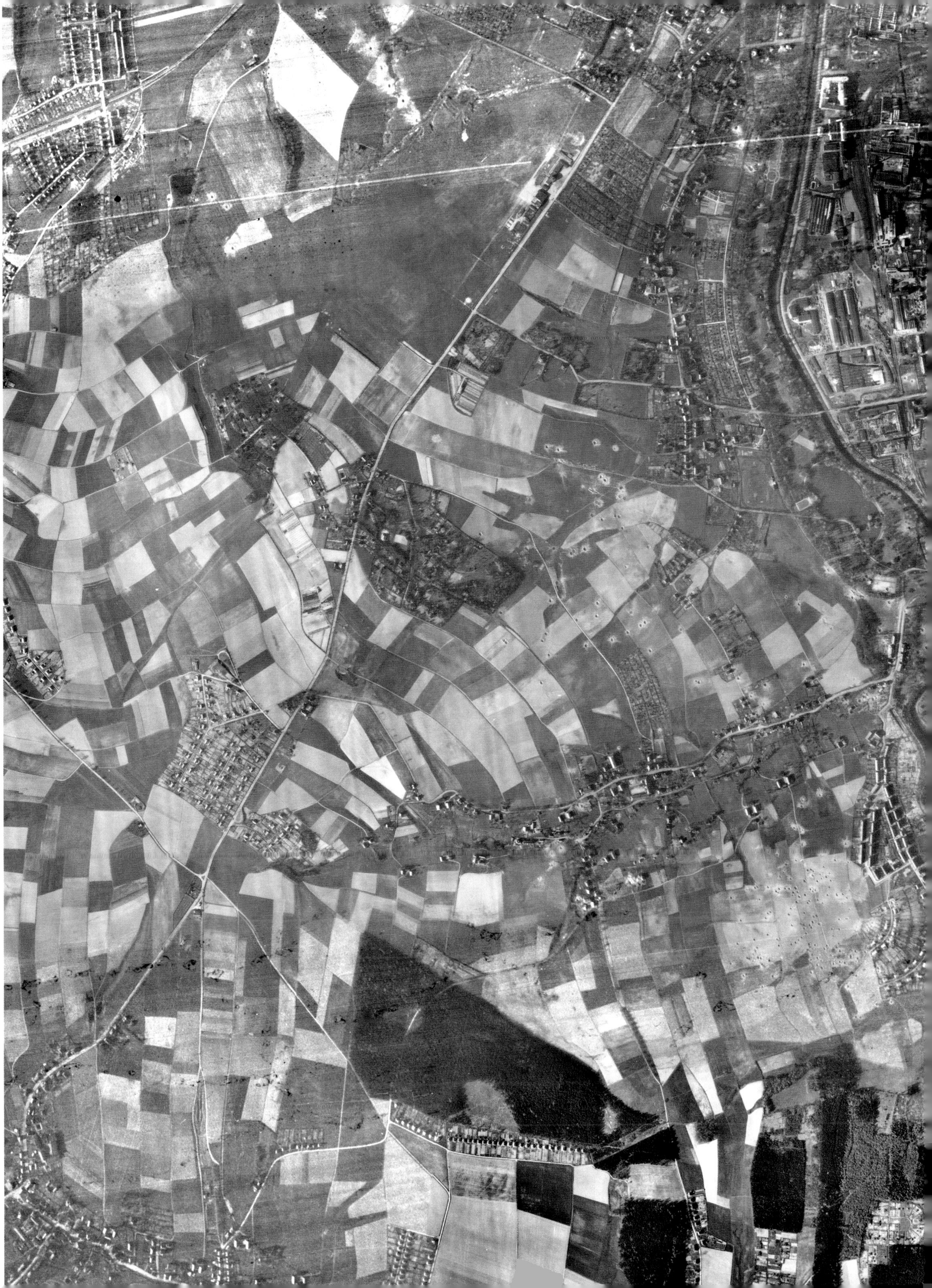

## Helbersdorf und Markersdorf 1945

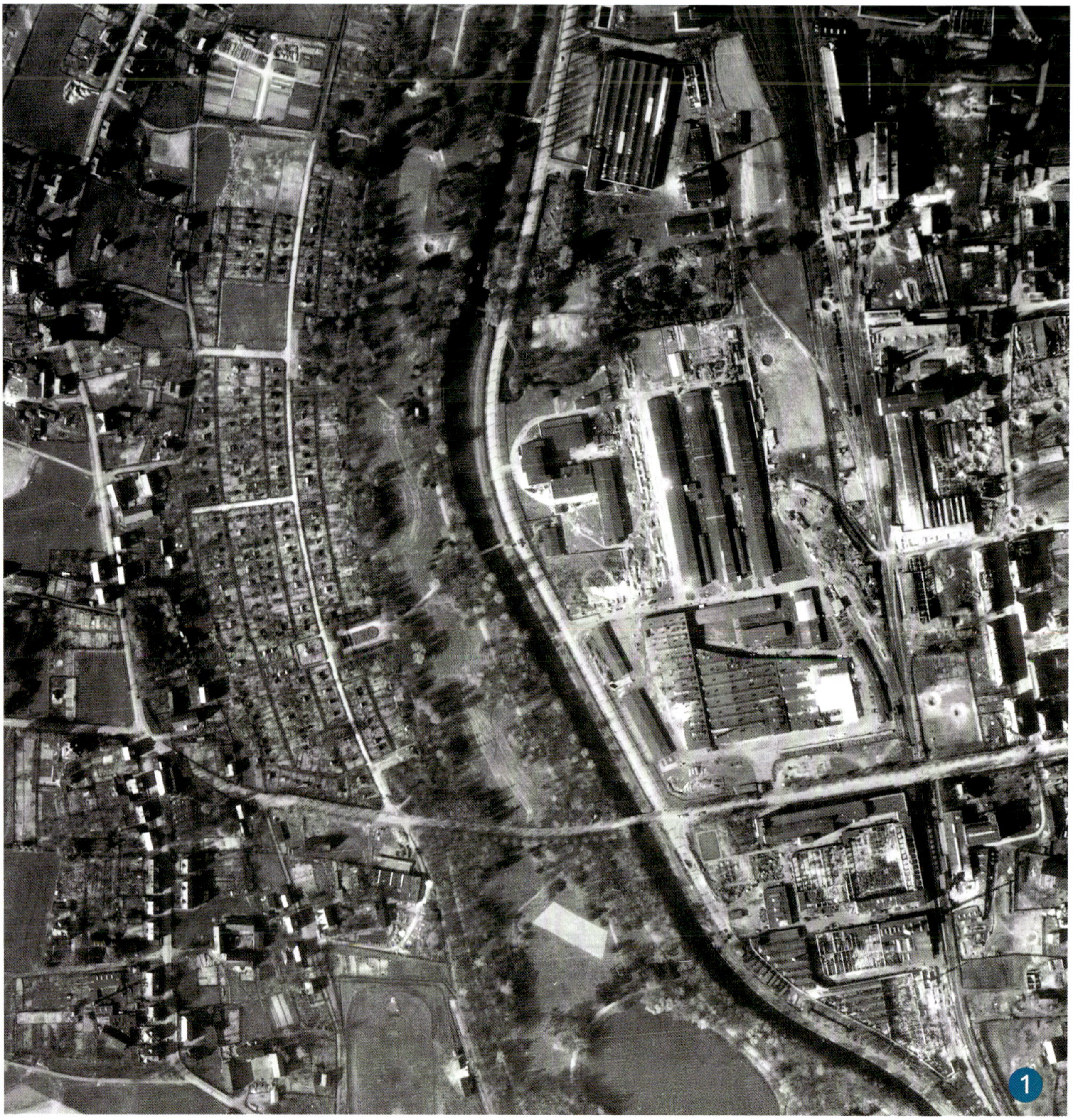

So wenig Schaden die ersten Bomben auf Chemnitz im August 1940 anrichteten, so sensationell war das Ereignis. Man pilgerte zu den Kratern, um einen Blick auf den Krieg zu werfen. Nennenswerte Schäden konnten nicht verzeichnet werden. Noch ist die Schwerindustrie nicht im Visier britischer Bomber. Allerdings waren die ab 1945 beschädigten *Presto-Werke* mit ihrem Hauptwerk an der Scheffelstraße an der Rüstung beteiligt. Das Werk fertigte Bauteile für Flugzeuge sowie Getriebe für Panzer und Zugmaschinen.

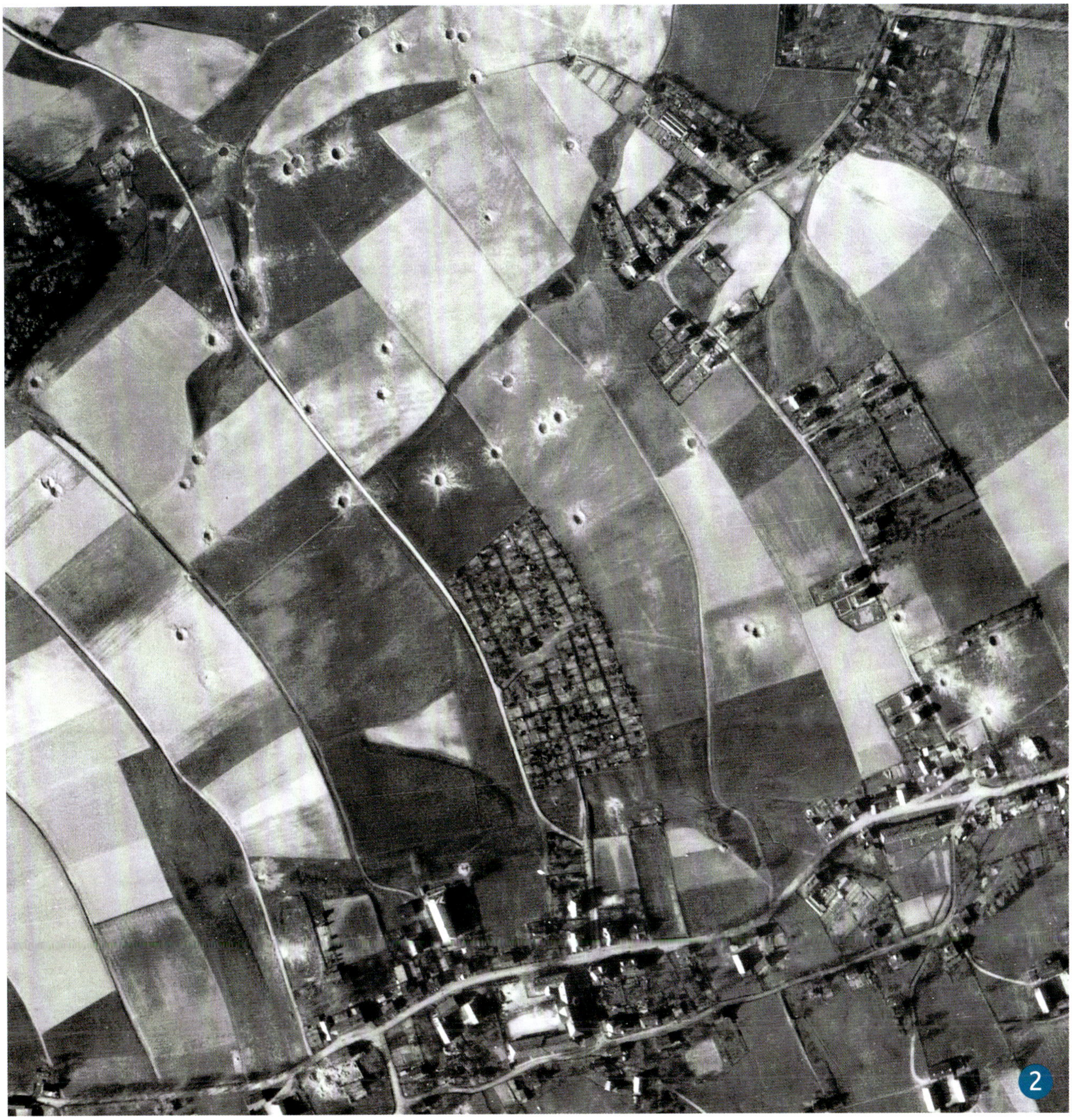

Die hier und auf den folgenden Luftbildern zu sehenden Bombeneinschläge resultieren aus den Luftangriffen vom Februar bis Anfang April 1945. Zwischen der Steinbergstraße und Helbersdorf sind wohnhausgroße Krater zu erkennen. In Markersdorf wurden Häuser in der Burkhardtsdorfer/Ecke Meinersdorfer Straße beschädigt.

Im Vorfeld des Südringbaus sowie des Baus des Fritz-Heckert-Gebietes wurde nach Blindgängern gesucht, allerdings nur an den Stellen, an denen Tiefbauarbeiten für eine Straße oder ein Wohnhaus notwendig waren. Ein Blindgänger wurde 1999 bei Tiefbauarbeiten in der Arno-Schreiter-Straße gefunden.

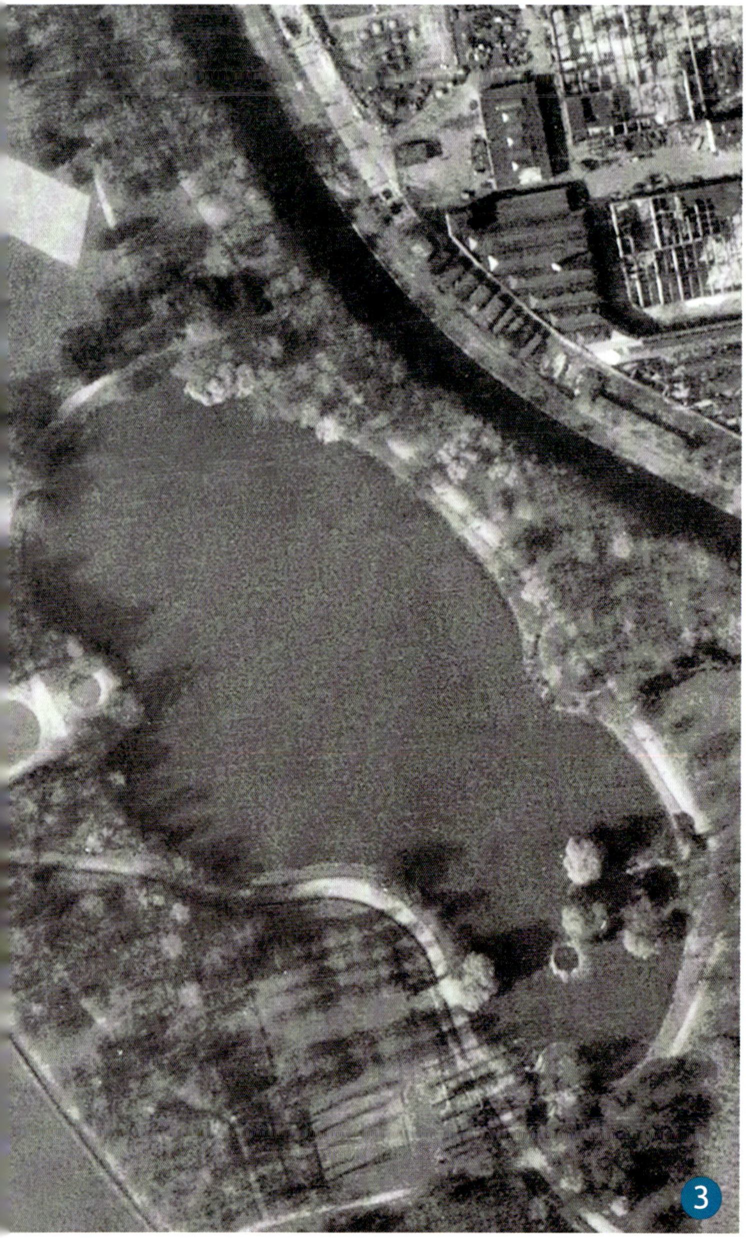

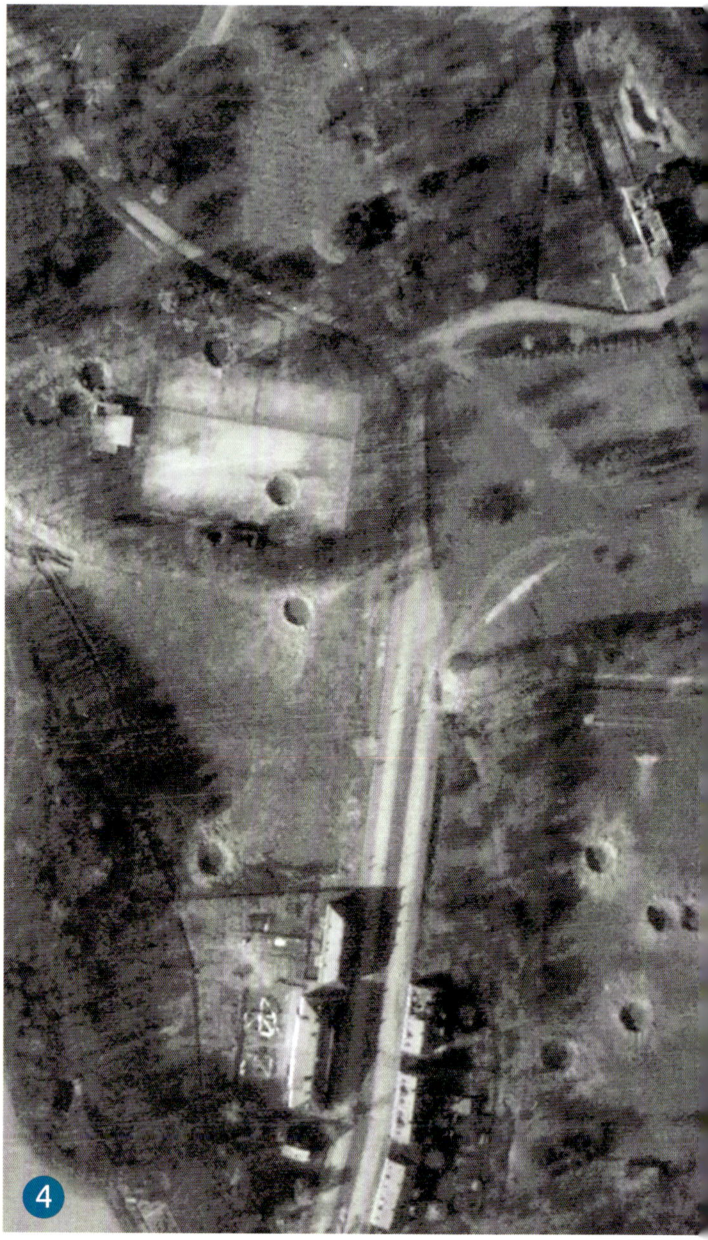

Die kleine Insel im Stadtparkteich weist in ihrem Umfeld drei Einschläge auf. Wahrscheinlich waren diese Bomben für das benachbarte Industriegebiet bestimmt.

Einschläge verzeichnet auch der Tennisplatz der heutigen *TG Stadtpark e.V.* Auf dem »Stadion am Südring« gingen sechs Bomben nieder und hinterließen mehrere Meter große Krater.

S. 11: Zwischen Morgenleite und Helbersdorf sind mehrere Dutzend Einschläge von der Größe eines Wohnhauses sichtbar. Hier verläuft heute der Südring.

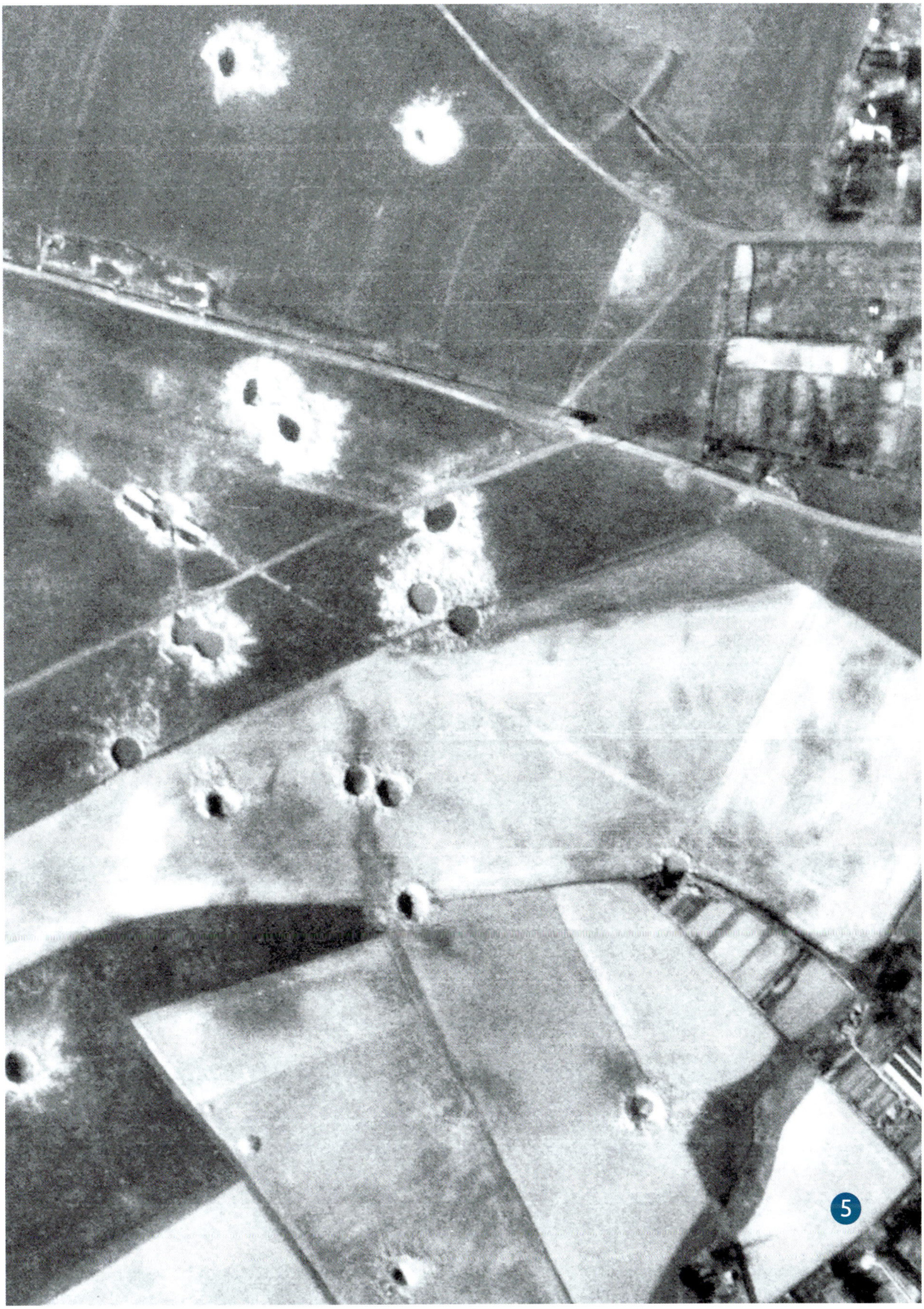
5

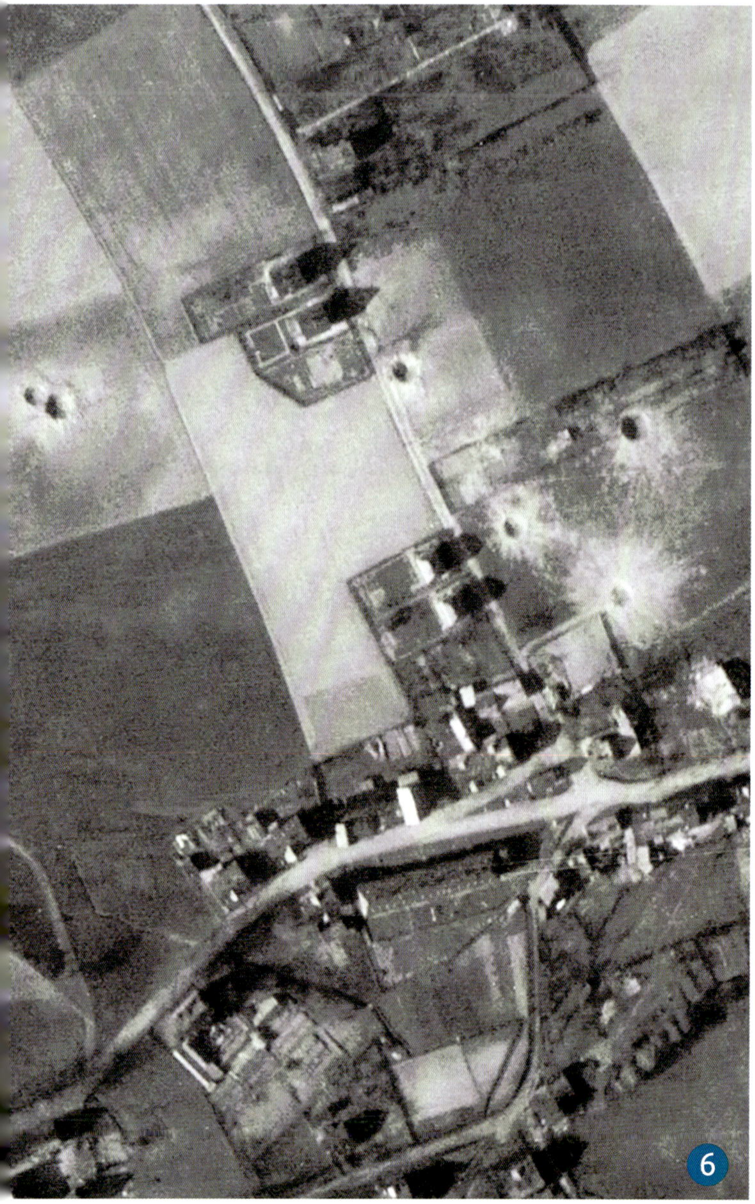


Beiderseits der Dittersdorfer Straße, unweit der Kreuzung in Markersdorf, sind Einschläge auf den Feldern sichtbar.

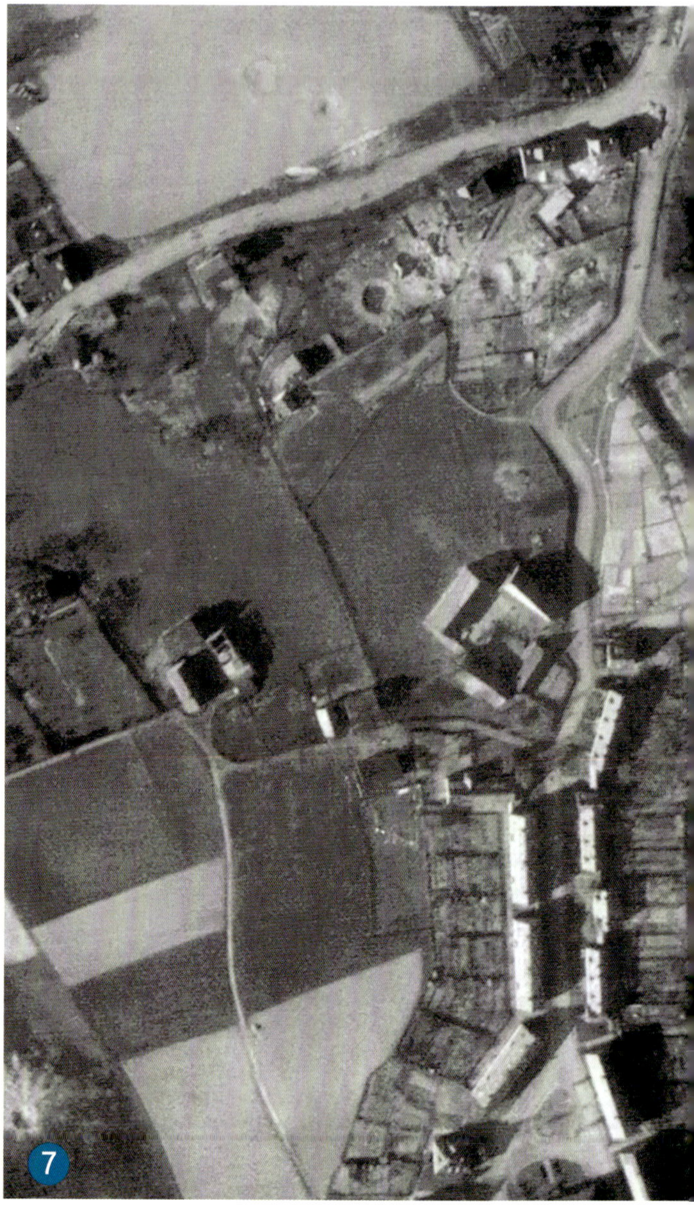


Der Kreuzungsbereich der Markersdorfer Straße mit der heutigen Wolgograder Allee, weist auf diesem Luftbild mehrere Treffer auf.

S. 13: Eine Vielzahl von Bomben fiel auf die Felder westlich der Kleinsiedlung Am Hochfeld / Eisenweg nieder und hinterließ eine dichte Kraterlandschaft.

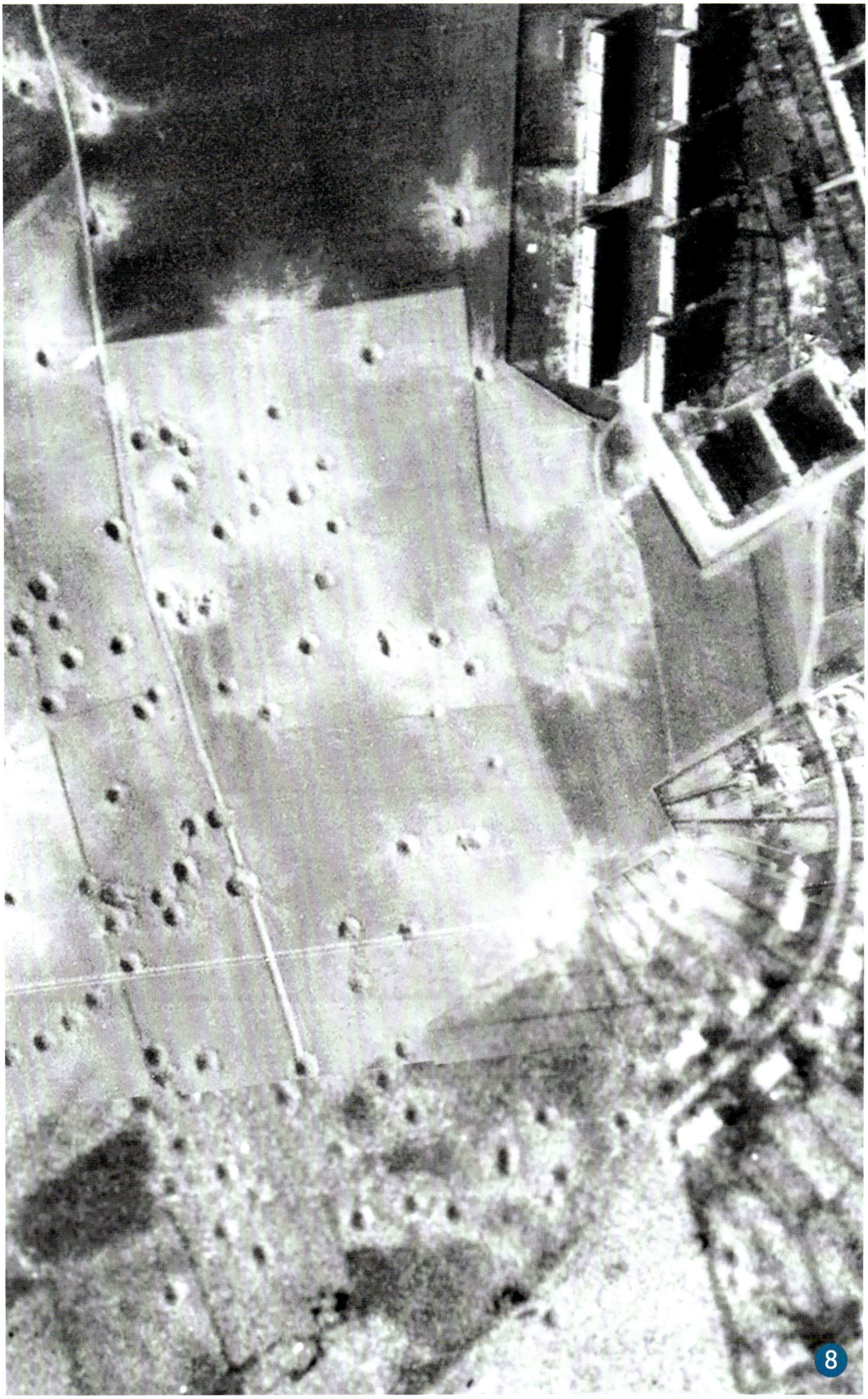
8

## 1953

Im Jahr der Umbenennung von Chemnitz in Karl-Marx-Stadt fand die Befliegung am 7. Juni statt. Bereits im Vorjahr wurde die Stadt in den Rang einer Bezirksstadt erhoben. Wie dünne Adern durchziehen unzählige kleine Wege die Felder und Wiesen der Umgebung. Spuren der Luftangriffe vom Februar bis April 1945 sind mancherorts noch zu erkennen, etwa auf den Feldern zwischen der Morgenleite und Helbersdorf. Oder auch zwischen Markersdorf und der Kleinsiedlung Am Hochfeld/Eisenweg, im Bereich der heutigen Arno-Schreiter-Straße.

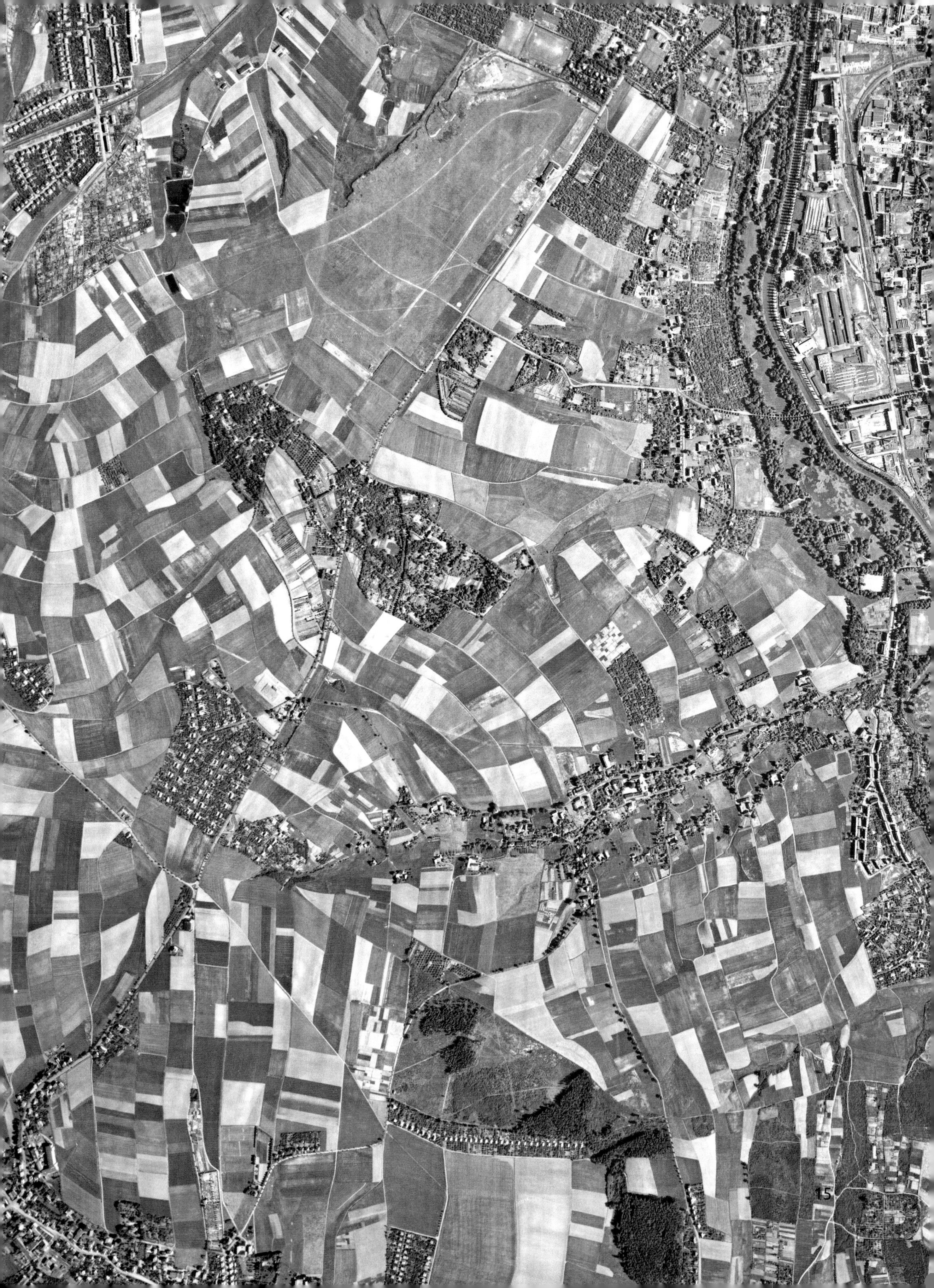
15

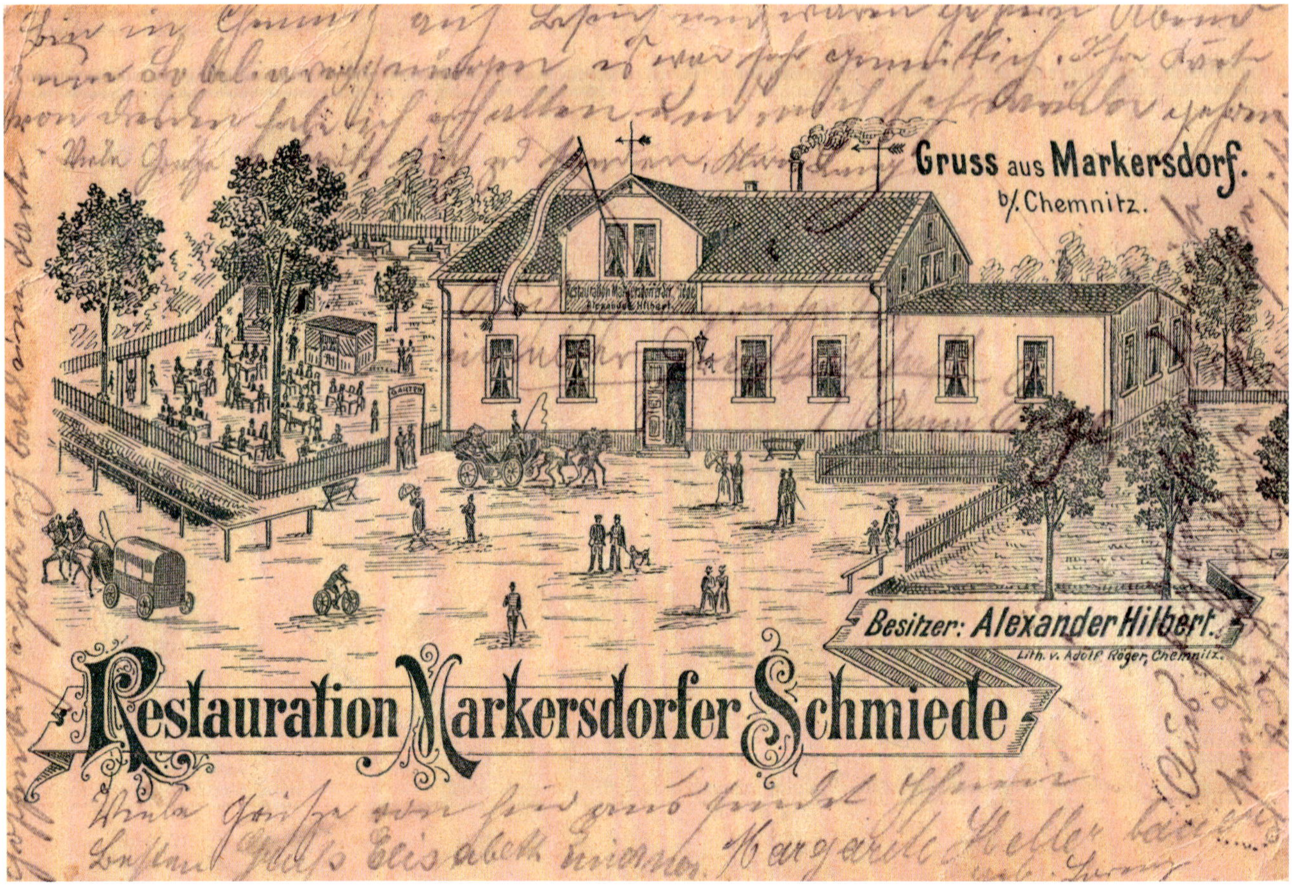


Ansichtskarte Restaurant Markersdorfer Schmiede 1898

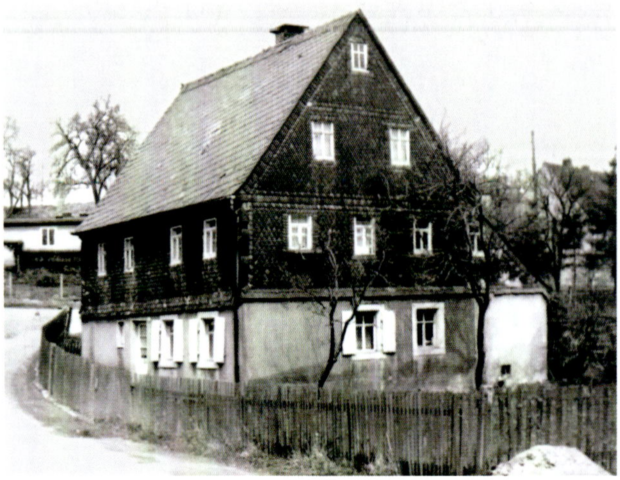

Wohnhaus Burkhardtsdorfer-/Meinersdorfer Straße

Vieles aus der Frühgeschichte Markersdorfs liegt im Ungewissen verborgen. Erst mit dem Einzug des ersten sächsischen Schulgesetzes 1835 und dem ein Jahr später errichteten ersten Schulgebäude in Markersdorf kann ein klareres Bild gezeichnet werden. Seit der Reformation orientierte sich das Dorf, bezüglich Kirche und Schule, Richtung Neukirchen. Unter den im 12. Jahrhundert aus Franken kommenden Siedlern befand sich ein gewisser Markert oder Markwart. Jener Markwart erlangte von den Herren von Rabenstein das Recht, sich im Chemnitzer Süden niederzulassen. Es waren die Anfänge des heutigen Markersdorfs.

Im Jahr 1537 zählte Markersdorf 45 »Inwohner«, darunter 15 »Beseßene Mannen« die zehn Hufen bewirtschaften. Oft änderte sich die Namensform. 1402 wird der Ort als Margkirsdorff, fünfundzwanzig Jahre später als Margkirstorf bezeichnet. Ab 1442 und abermals 1530 finden sich die der heutigen ähnelnden Namensformen mit Marckersdorff und Marckerstorff. Ab 1875 wird Markersdorf bei Chemnitz geläufig. Markersdorf war immer ein Bauerndorf, die Bevölkerung lebte von der Landwirtschaft und vom Gartenbau. Das Siegel des Ortes trägt einen säenden Landmann. Es gab jedoch auch eine Schmiede. Bis zum Jahr 1952 existierte in der Biederstraße 2 eine Strumpffabrikation, deren Inhaber Otto Hörnig war.

Mit dem Wachsen der Stadt Chemnitz war es nur eine Frage der Zeit, bis Markersdorf eingemeindet werden würde. Die Stadt war an den freien und unbebauten Flächen zum Zwecke des Wohnungsbaus interessiert. Jedoch taten sich die Markersdorfer Räte deutlich schwerer, diesen Schritt zu gehen, als ihre Helbersdorfer Amtskollegen. Mangels Alternativen trat Markersdorf am 1. Juli 1919 der Stadt bei. Zehn Jahre später hatte sich die Einwohnerzahl verdoppelt. Das Wachstum des Dorfes und die Erledigung neuer Verwaltungsaufgaben machten 1929 den Bau der neuen Verwaltungsstelle Süd an der Markersdorfer Straße 18 notwendig.

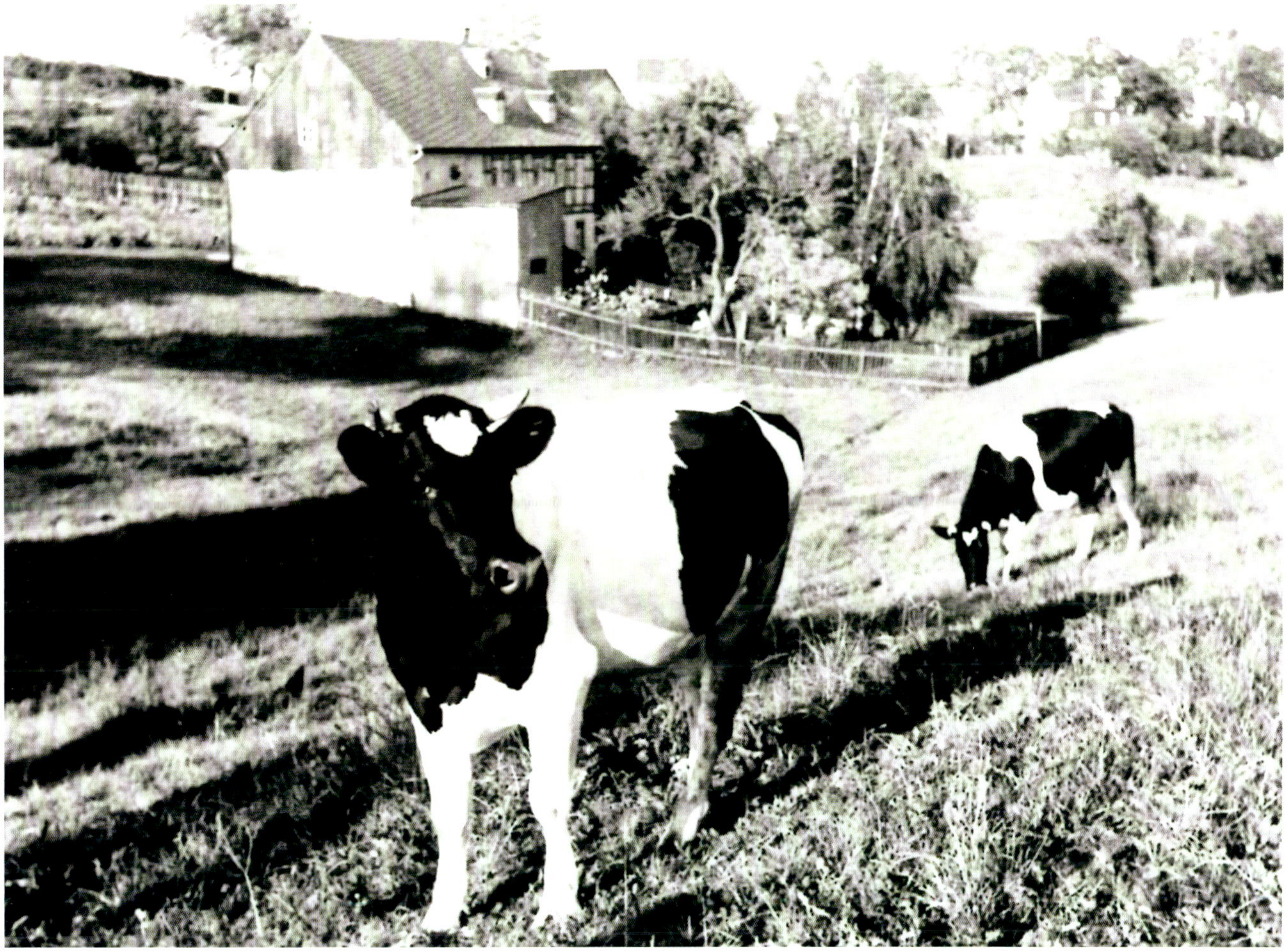

Ländliche Idylle im Oberdorf

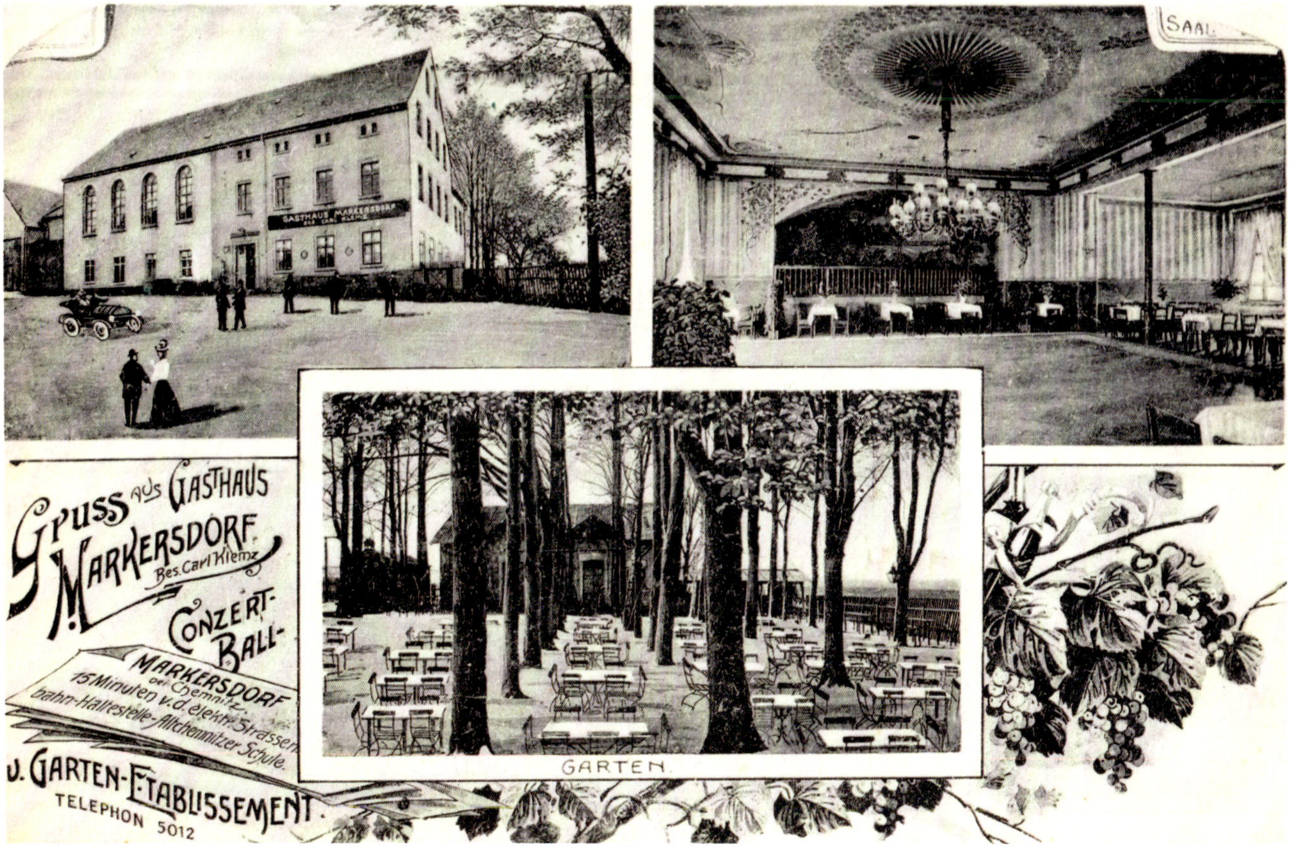


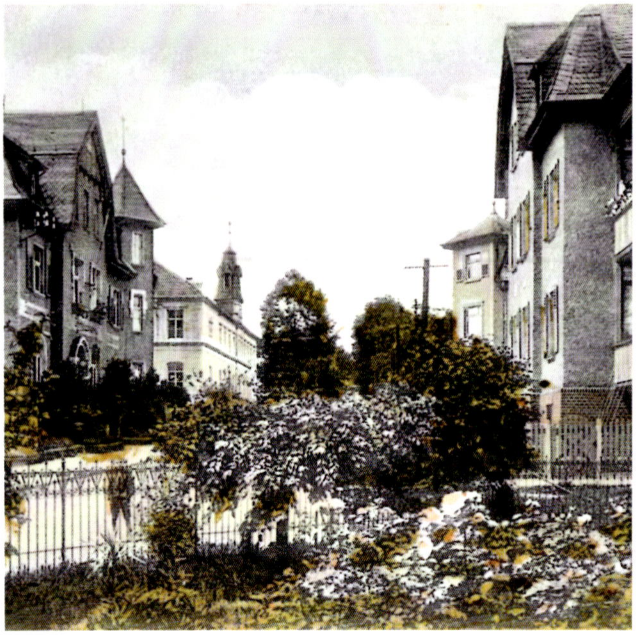

Bergaufwärts der Markersdorfer Straße links befand sich das Rathaus, das sanierte Gebäude dient heute als Wohnhaus. Kurz vor der Kreuzung Burkhardtsdorfer Straße lag rechterhand das Gasthaus Markersdorf.

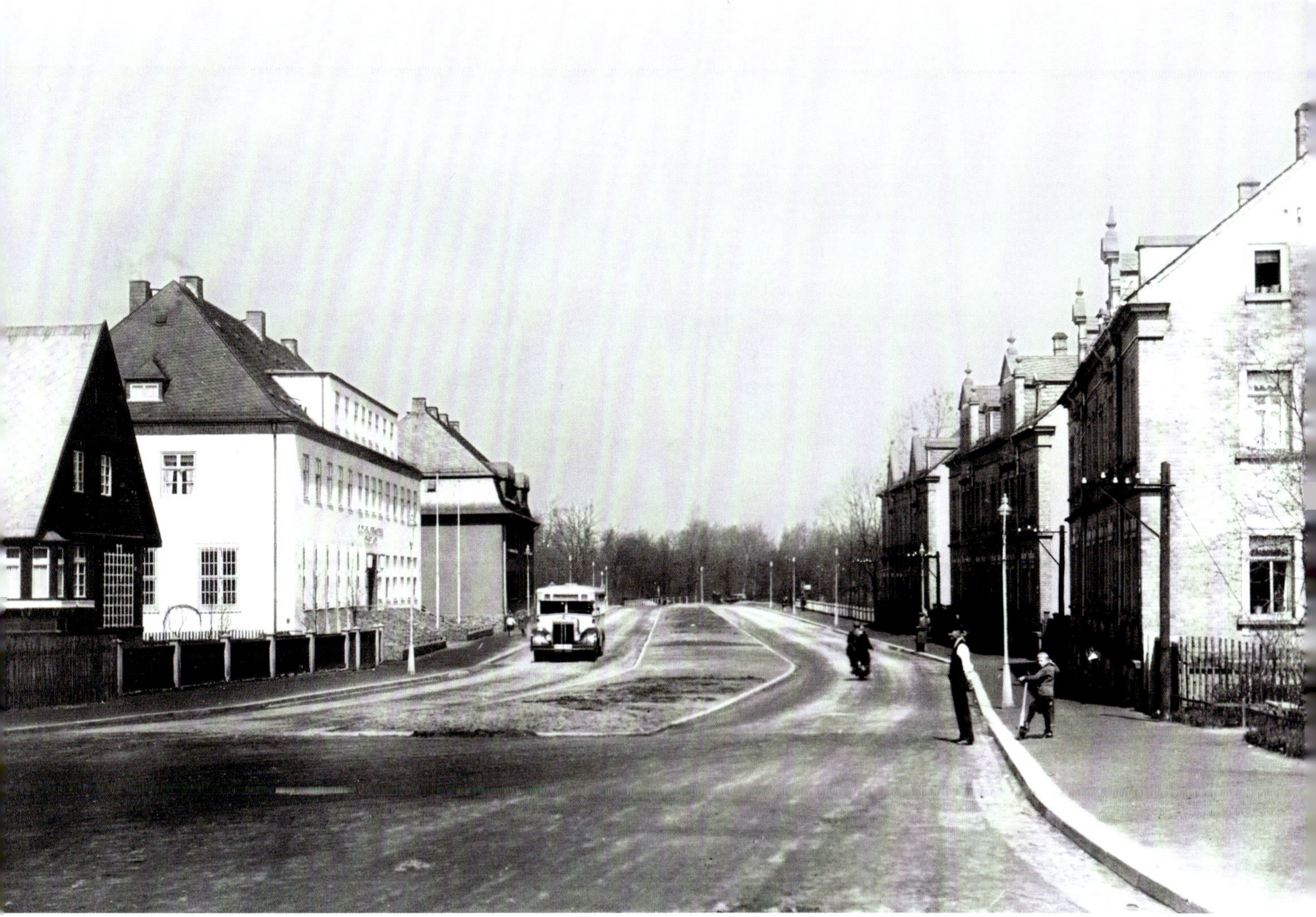

Die untere Markersdorfer Straße mit Gemeindeverwaltung auf der linken Seite und Blick Richtung Stadtpark. Am Standpunkt des Fotografen beginnt heute die Wolgograder Allee.

## 1957

Zum Zeitpunkt dieser Aufnahme, erneut an einem 7. Juni, ist der Flughafen an der Stollberger Straße seit mehreren Jahren wieder in Betrieb. Im Jahr 1959 werden die meisten Passagier- und Frachtflüge innerhalb eines Jahres abgewickelt. Es herrscht Aufbruchsstimmung in Karl-Marx- Stadt. Gut zwölf Jahre nach Ende des Krieges entwickelt sich die Stadt erneut zu einem starken industriellen Zentrum.

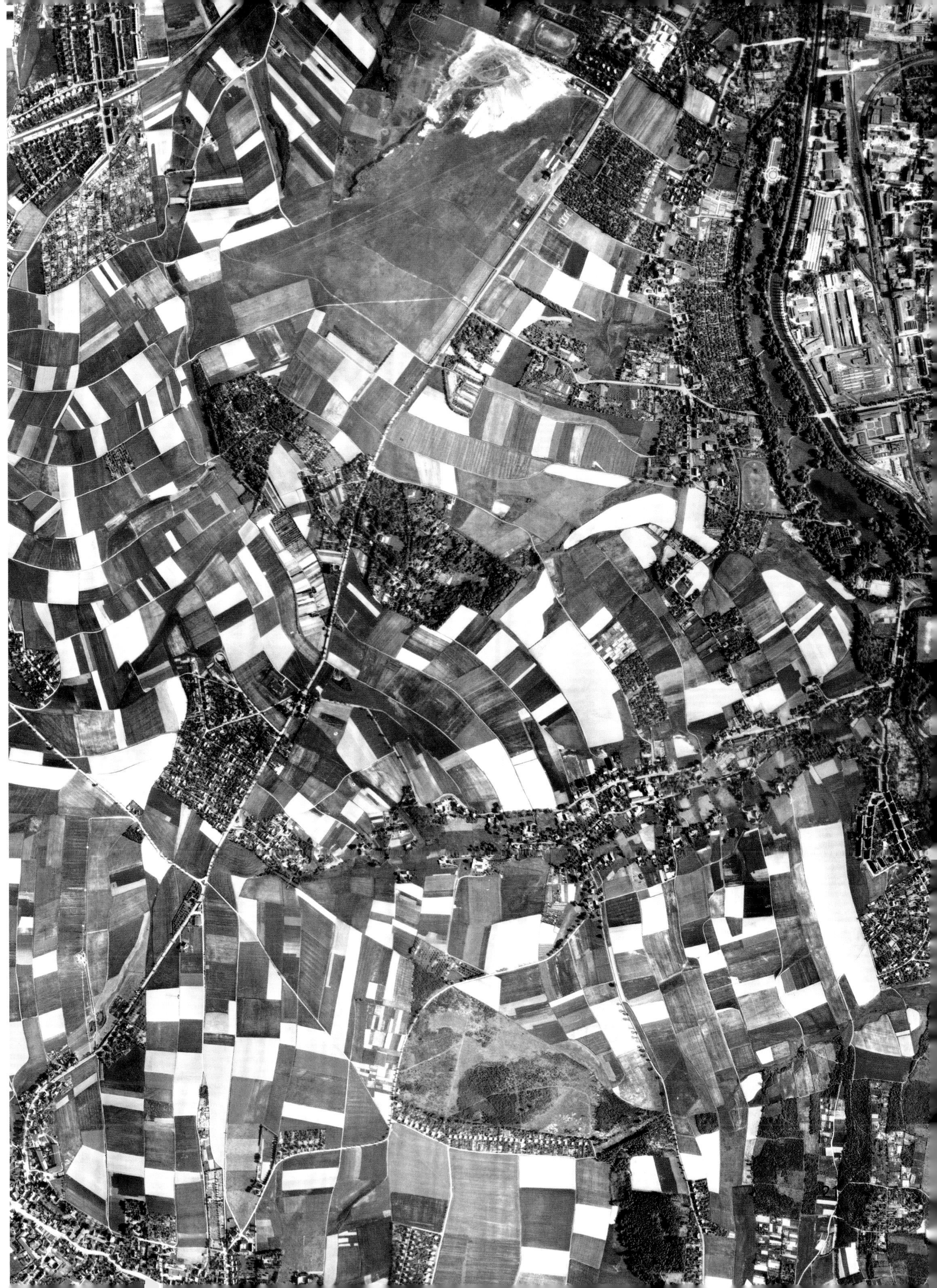

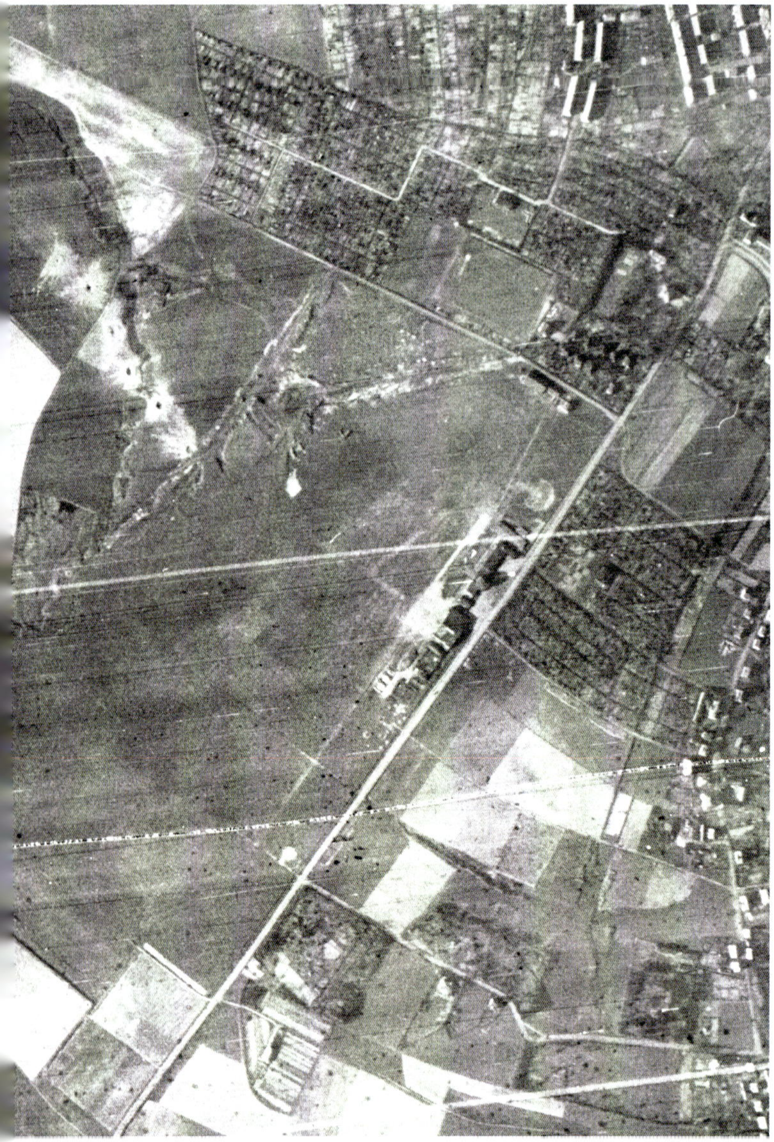

Kappel und der Flughafen am 10. April 1945

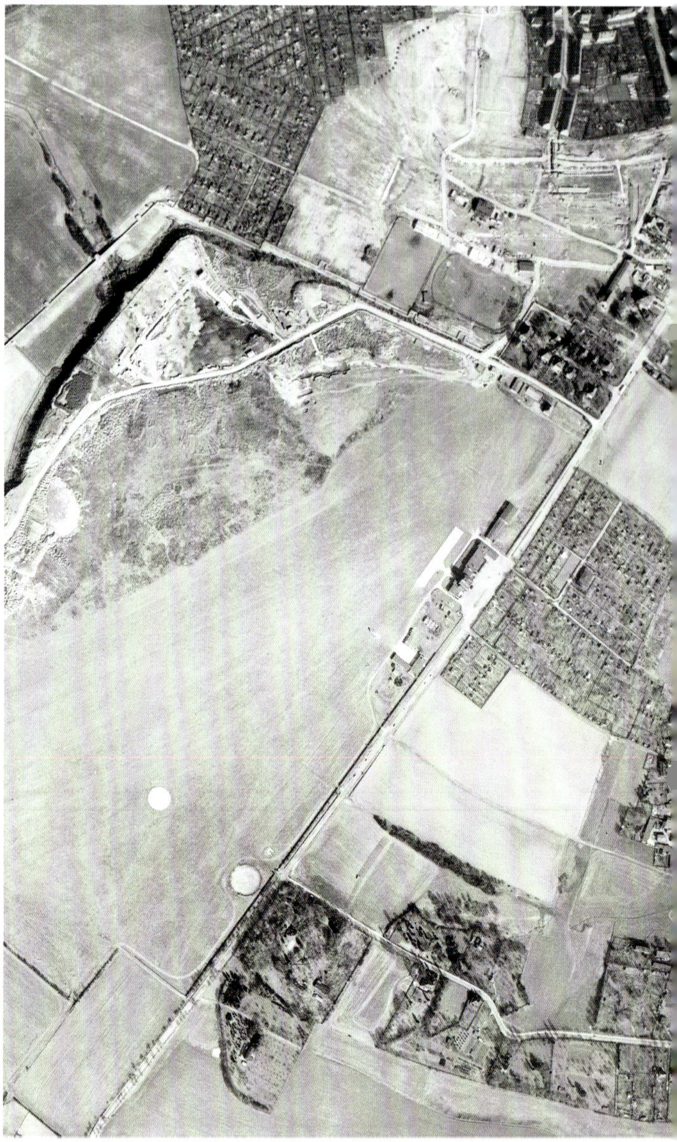

Erschließung des Baugebietes 0 (vgl. oberer Bildrand) im Jahr 1972. Noch sind das Flughafengelände und sein Umfeld unbebaut.

Wer sich heutzutage auf der Stollberger Straße, den Goetheplatz hinter sich lassend, stadtauswärts begibt, erblickt nach etwa drei Kilometern rechter Hand ein Gebäude, welches sogar nicht in ein Neubaugebiet passen will. Es ist das ehemalige Empfangsgebäude des Flughafens. Mit dem Flugplatzwerbetag begannen am 14. September 1924 erste fliegerische Attraktionen an diesem Ort. Die Eröffnung des markanten Flughafengebäudes sowie der erste Linienflug erfolgten zwei Jahre später Anfang Mai 1926.

Der Personen- und Frachtverkehr entwickelte sich in den folgenden Jahren ordentlich. Der Flughafen konnte einerseits von der prosperierenden Industriestadt Chemnitz profitieren, andererseits nutzten hier ansässige Firmen gern die Dienste des Flughafens. Zusätzlich zum Personen- und Frachtverkehr, wurde der sogenannte *Chemnitzer Bedarfsluftverkehr* eingerichtet. Dieses Angebot richtete sich insbesondere an Unter-

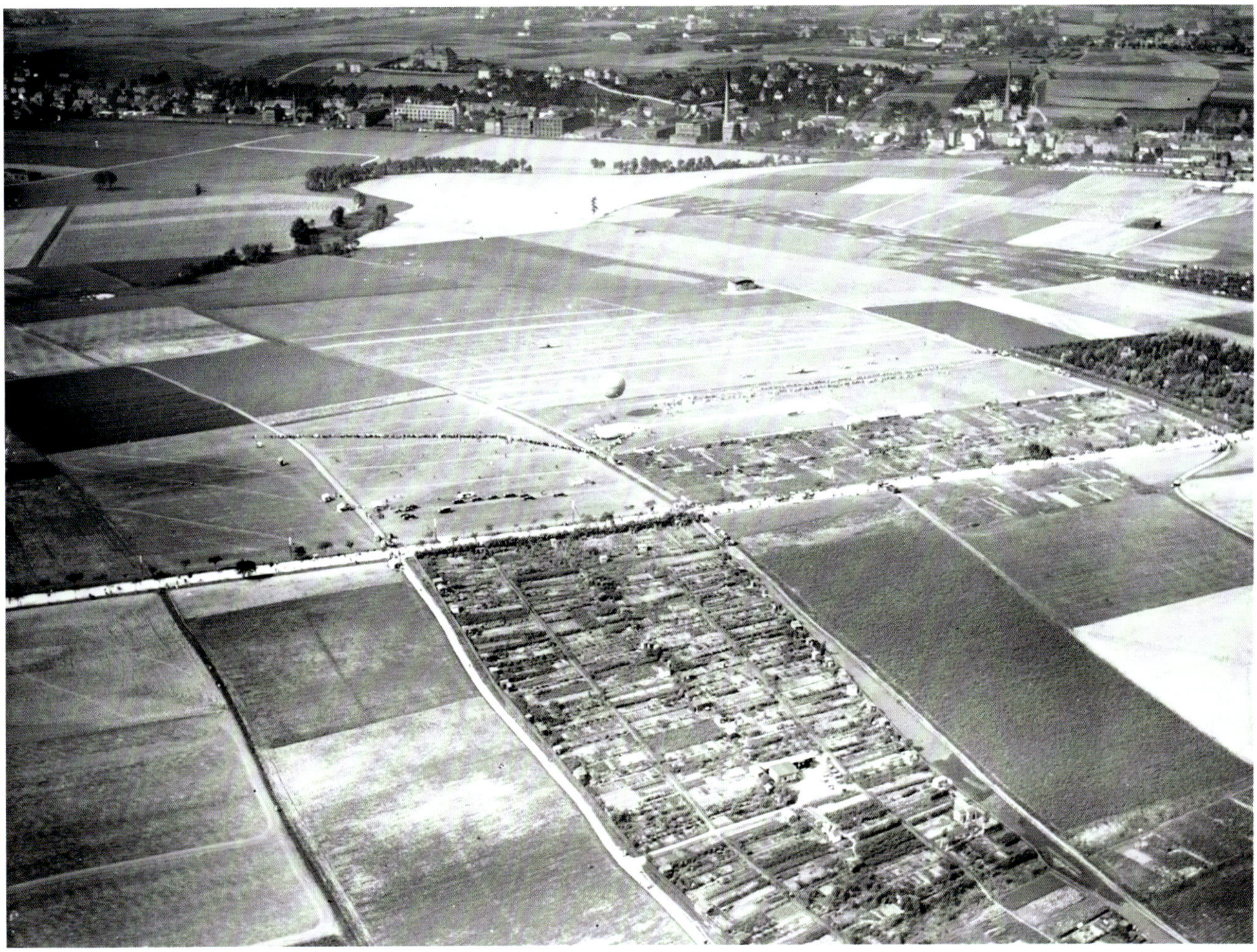

Luftbild des Flugplatz-Werbetages 1924. Der Ikarus, das markante Flughafengebäude, ist noch nicht errichtet.

nehmer, Industrielle und vermögende Leute aus der Region, die spontan ein Flugzeug samt Piloten mieten konnten, um individuelle Ziele anzusteuern. Heute würde man von Charterflügen sprechen.

Doch die Nähe zur Innenstadt war stets zugleich das große Problem des Flughafens. Aufgrund der technischen Weiterentwicklung der Flugzeuge mussten auch Erweiterungen des Flugplatzgeländes erfolgen. In den 1930er Jahren konnte man mit Erdaufschüttungen Richtung Westen, also Richtung Schönau, zunächst das Gelände vergrößern und ein paar Jahre Zeit gewinnen. Der Flughafen kam ohne größere Schäden durch den Krieg. In den 1950er Jahren wurde der Flugbetrieb wieder aufgenommen. Doch schon bald stieß man abermals an die räumlichen Grenzen, sodass am 31. Oktober 1962 der Linienflug eingestellt wurde – diesmal für immer. Bis Anfang der 1970er Jahre nutzte die *Gesellschaft für Sport und Technik* das Areal für Segelflüge und Fallschirmsprünge.

Das letzte fliegerische Großereignis fand am 29. und 30. Juni 1974 statt, es waren die IX. DDR-Meisterschaften im Fallschirmspringen. Am Horizont der Aufnahme näherte sich bereits das Wohngebiet »Fritz Heckert« mit der Bebauung an der Irkutsker Straße, im sog. Baugebiet 0.

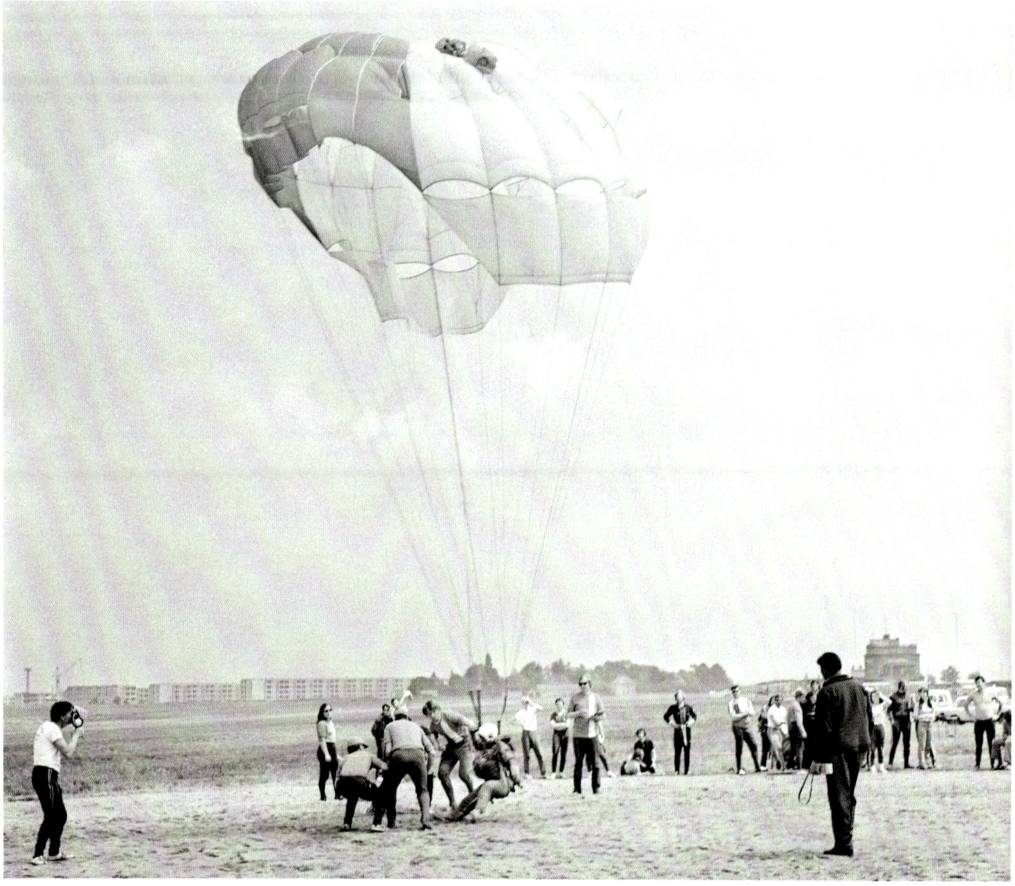

IX. DDR-Meisterschaften im Fallschirmspringen 1974. Im Hintergrund ist bereits das Baugebiet 0 an der Irkutsker Straße zu erkennen.

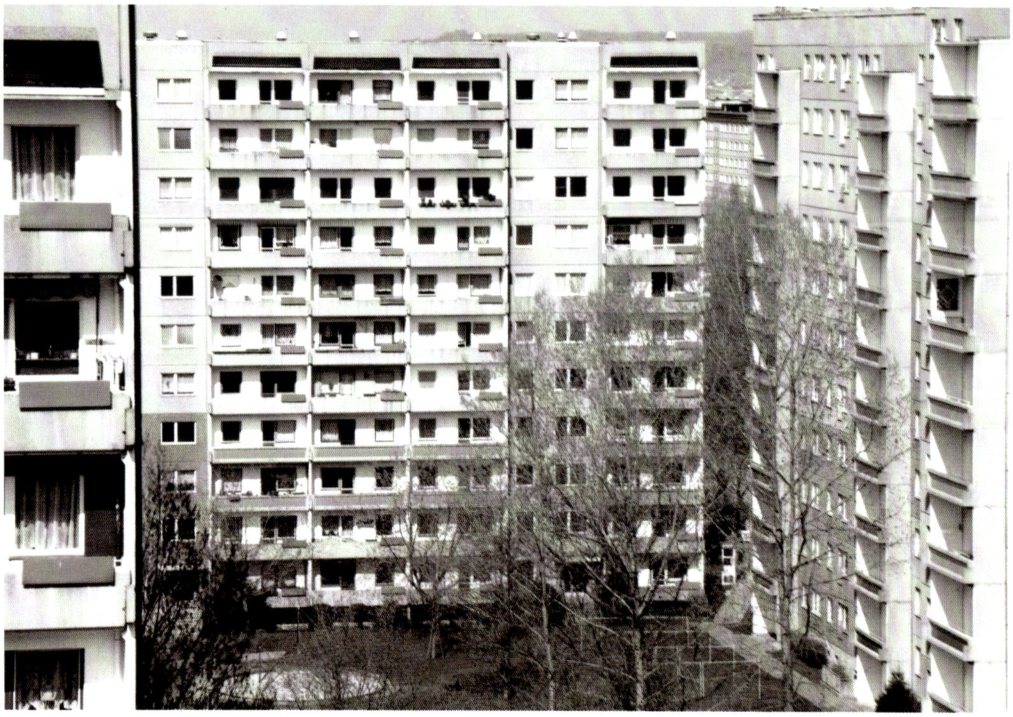

Elfgeschosser an der Dr.-Salvador-Allende-Straße 156–160 und 168–178

S. 25: Wohngebiet Kappel im Sommer 2009. Der Rückbau ist in vollem Gange, wofür die braunen Flächen stehen.

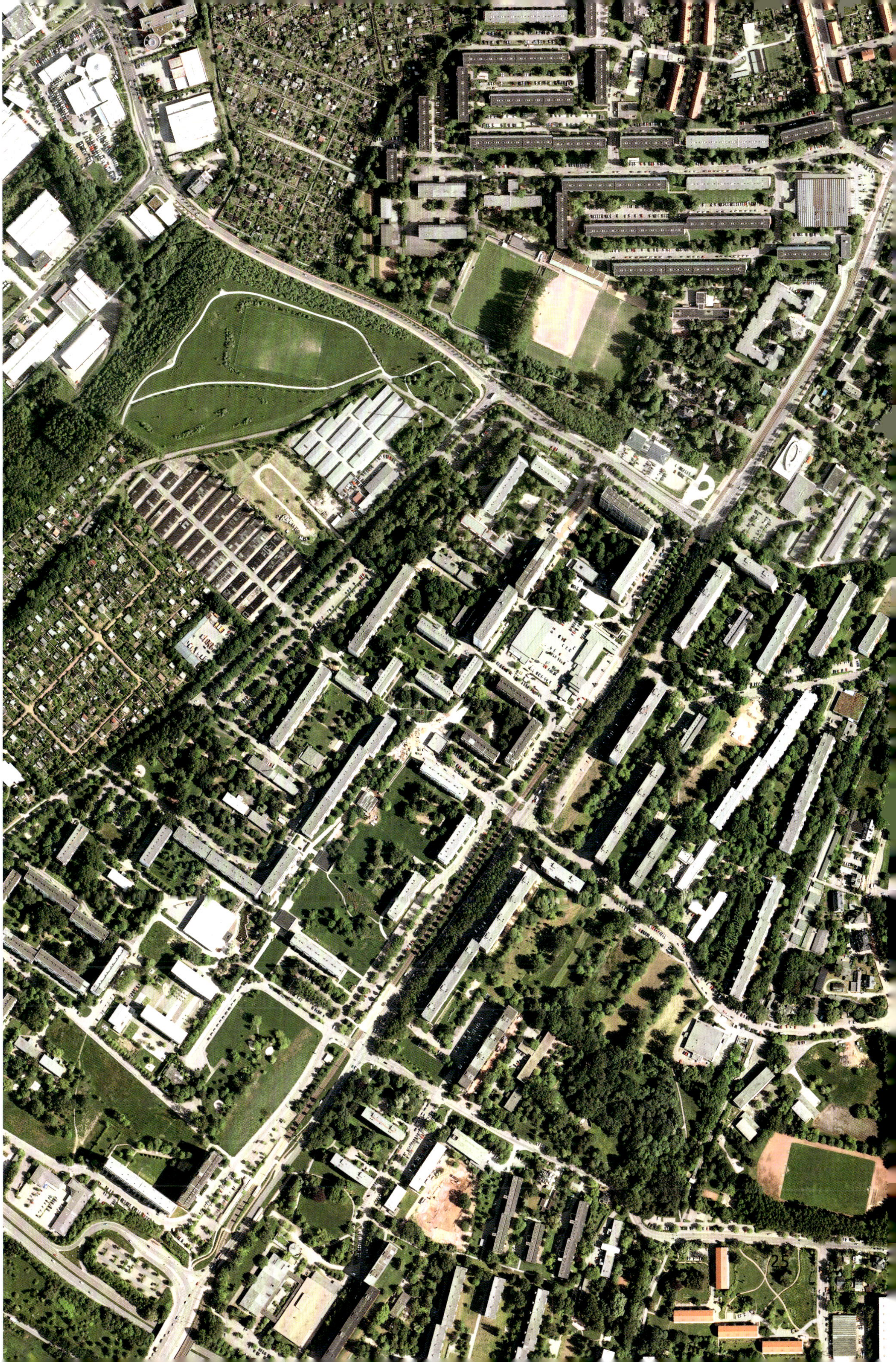

## 1967

Als diese Luftaufnahme am 7. Juni 1967 entstand, ist die Entscheidung für ein Neubaugebiet im Süden von Karl-Marx-Stadt bereits gefallen. Zu diesem Zeitpunkt heißt es noch Wohngebiet am Helbersdorfer-Markersdorfer Hang. Doch schon geraume Zeit vor diesen Baumaßnahmen konnte Helbersdorf im Bereich der Parkstraße, der Liszt- und Richard-Wagner-Straße, besonders auch entlang der Johannes-Reitz-Straße, auf architektonisch- und kulturell repräsentative Villen und Parkanlagen verweisen. Errichtet wurden diese Häuser von wohlhabenden Chemnitzer Fabrikanten.

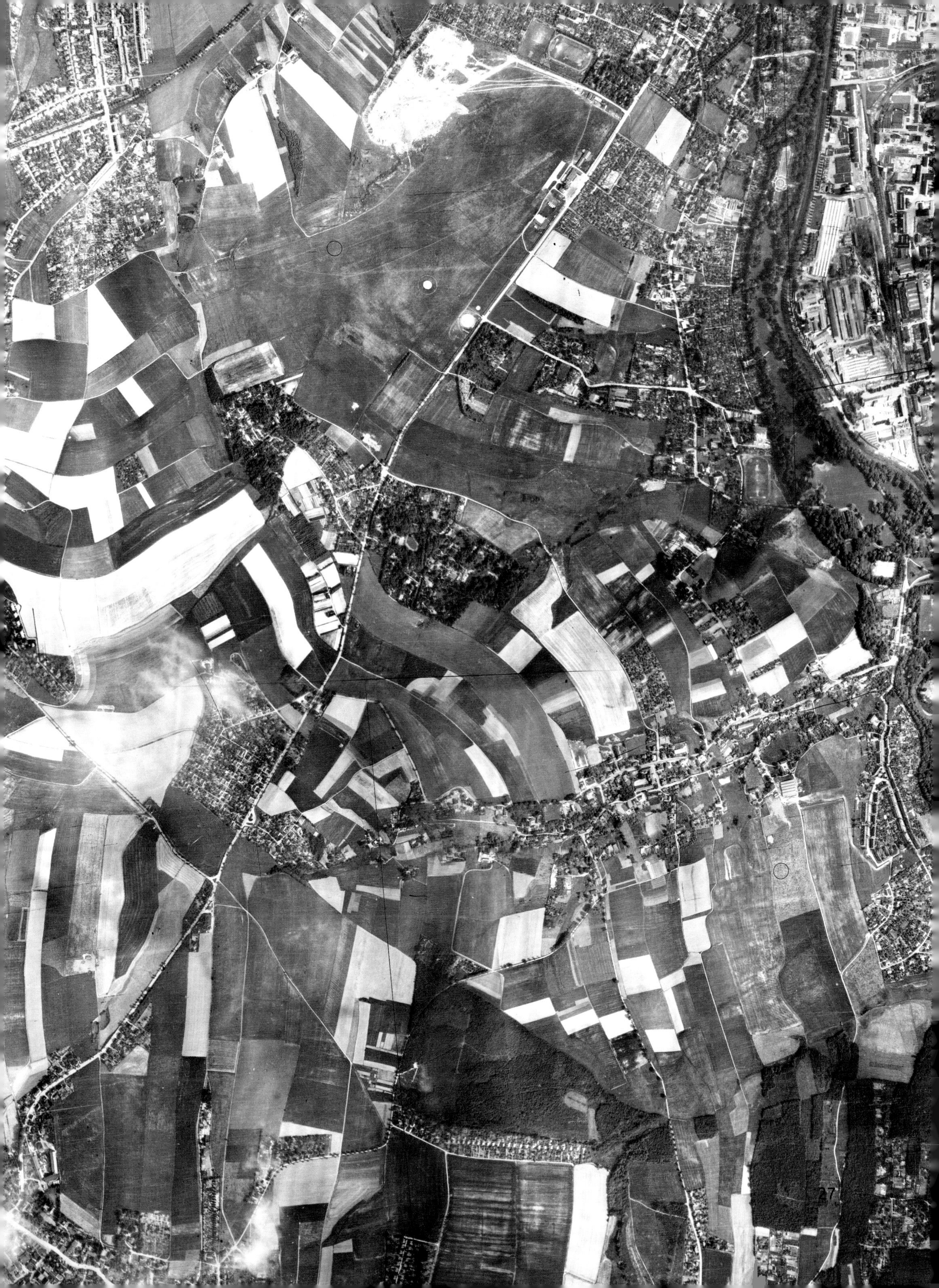
27

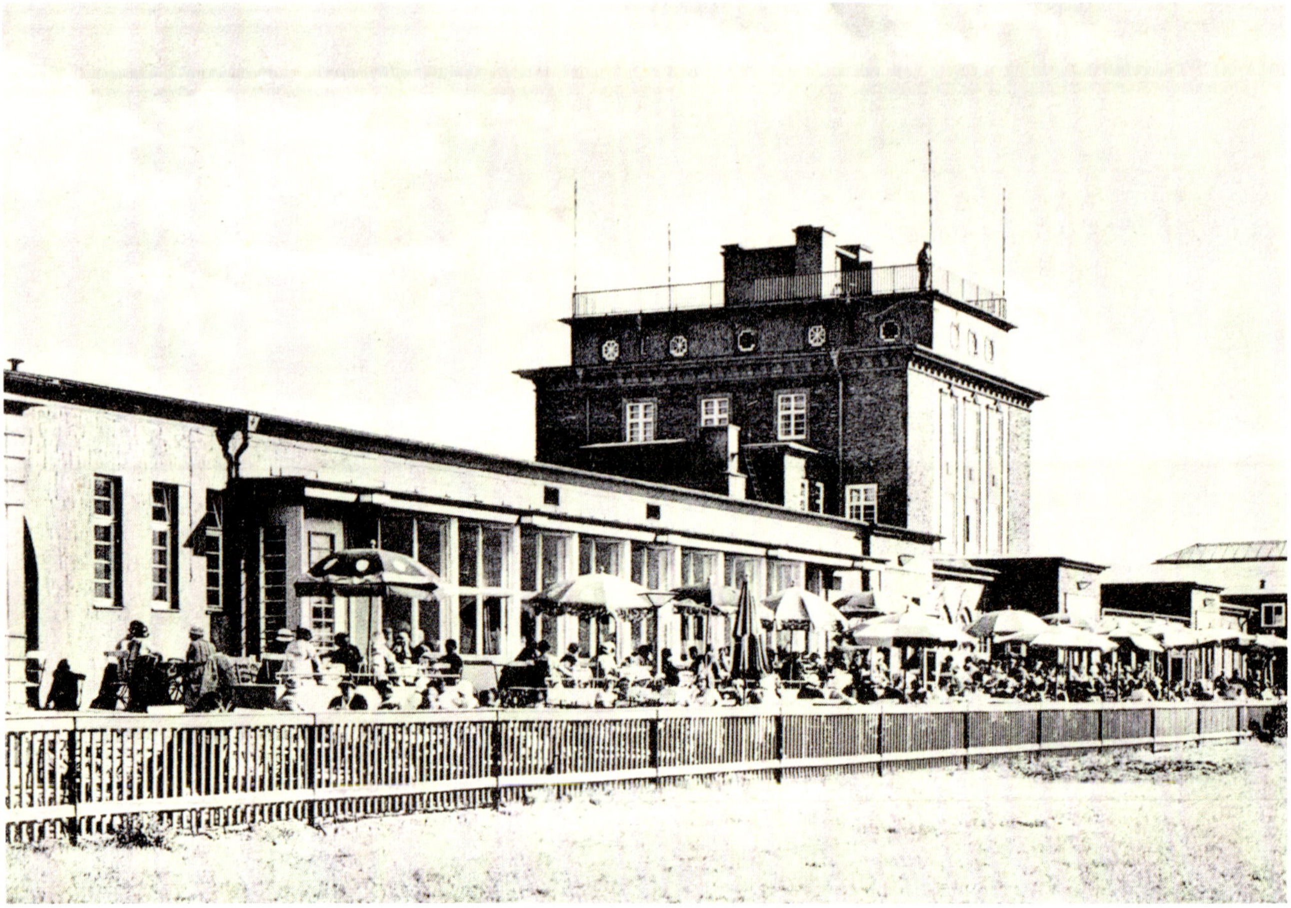

Das Ikarus-Restaurant direkt am Rollfeld des Flughafens 1934

Das Erscheinungsbild Helbersdorfs wandelte sich im zurückliegenden Jahrhundert nachhaltig. Das angenehme Dorf lieblichen Charakters wurde stets gern von den Fabrikluft atmenden Chemnitzern besucht, die sich im Stadtpark oder auf den Höhenzügen entlang der Stollberger Straße zu regenerieren suchten. Auf den Fluren Helbersdorfs befand sich einst ein gutes Dutzend gastronomischer Einkehrmöglichkeiten. Manche Einrichtung besteht bis in die Gegenwart. Bemerkenswert ist zudem die hohe Anzahl kulturell wertvoller Gebäude und Parks in Helbersdorf und direkter Umgebung. So liegen bedeutende Villen des sogenannten *Stollberger Viertels* auf Helbersdorfer Gebiet. Konkrete Pläne zur Bebauung der Felder und Wiesen, die einst bis zur Stollberger Straße hinauf reichten, gab es seit 1919. Doch erst mehr als 50 Jahre später rollte tatsächlich Baugerät heran, um über 6 000 industriell gefertigte Wohnungen hier am Helbersdorfer Hang zu errichten.

An der Stollberger Straße, an der Flurgrenze von Helbersdorf und ein halbes Jahrhundert lang vom Dorf aus sichtbar, steht das Empfangsgebäude des Chemnitzer Flughafens. Die Gaststätte *Ikarus* diente seit Eröffnung des Flughafens 1926 stets der kulinarischen Versorgung seiner Gäste, auch jenen ohne Flugticket in der Tasche. Im Freiluftbereich konnte dem startenden und landenden Treiben der Flugzeuge aus nächster Nähe beigewohnt werden. Beliebt war das Versenden von Ansichtskarten mit dem Flughafenmotiv. Beim Angebot von Speisen und Getränken

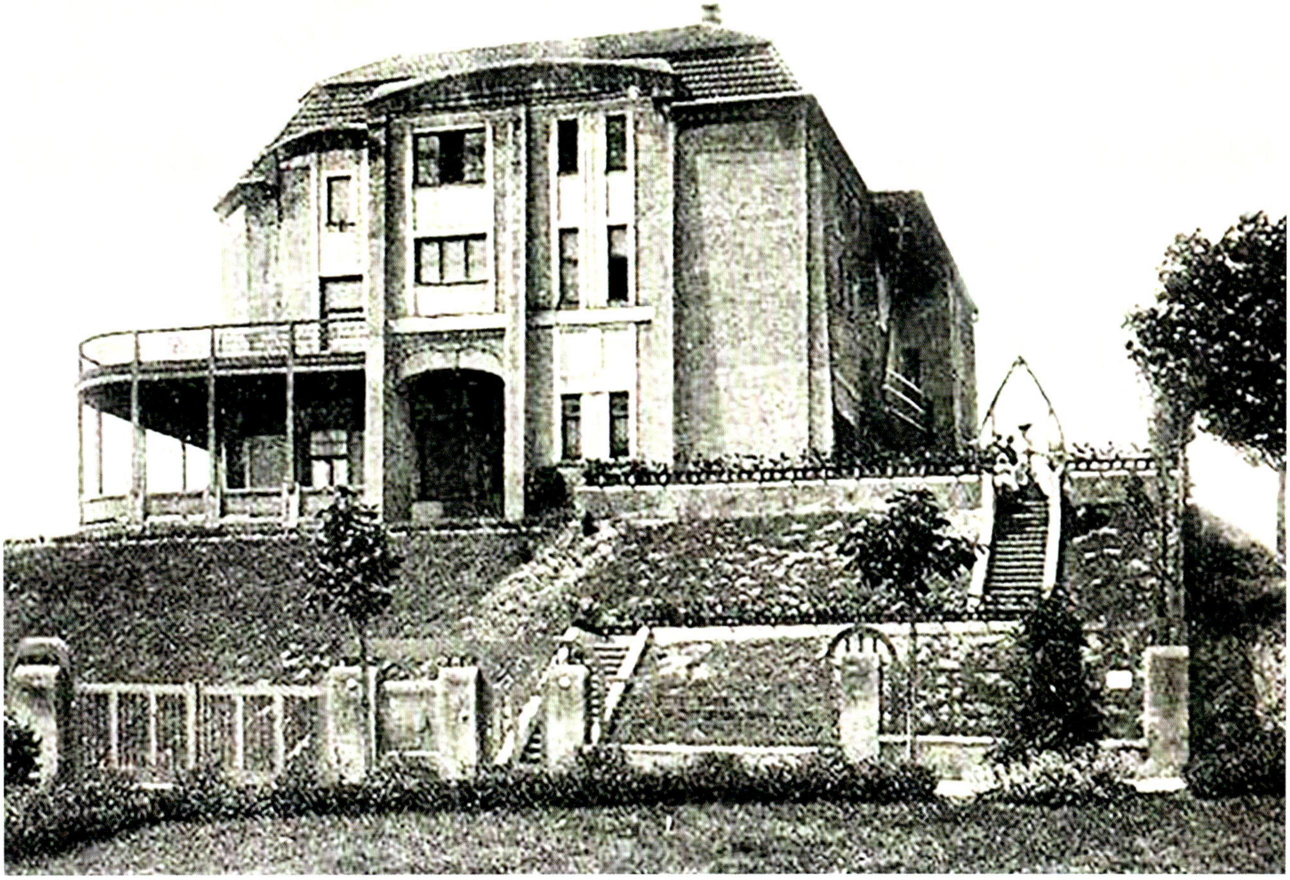

Die Villa Esche an der Parkstraße 58 im Jahr 1912

waren die Pächter der Gaststätte verpflichtet, eine tadellose Aufmachung sowie erstklassige Bedienung der Gäste zu gewährleisten.

Über mangelnden Zuspruch konnte sich die Flughafengesellschaft eigentlich nicht beklagen. Im Jahr 1932 wurde die Marke von 10 000 Passagieren bei mehr als 6 600 Starts und Landungen erstmals überschritten. Ein besonderer Gast konnte am 16. November 1930 gemeldet werden. Das legendäre Luftschiff LZ 127 *Graf Zeppelin* besuchte an jenem Tag die Stadt Chemnitz und landete für zwanzig Minuten auf dem Flughafen. Etwa 100 000 Menschen beobachteten, entweder in den Straßen der Stadt oder, wer es geschafft hat, im Umfeld des Fluggeländes, dieses Spektakel. Auch einige Gartenlauben im benachbarten *Schrebergartenverein Helbersdorfer Hang* wurden zur Tribüne umfunktioniert.

Wer die Helbersdorfer Straße stadteinwarts fährt, erreicht alsbald die Kreuzung Händelstraße / Parkstraße und damit den Beginn des Stollberger Viertels. Dieses Viertel wurde städtebaulich nicht in das benachbarte Wohngebiet integriert, ein üppiger Grünzug liegt zwischen beiden. Das Stollberger Viertel stellt somit eine feine historisch-architektonische Perle am Rand des Neubaugebietes dar. Rechterhand der Helbersdorfer Straße liegt die Villa Hahn, wenig weiter auf der Parkstraße die Esche-Villa. Der belgische Architekt *Henry van de Velde* entwarf in den Jahren 1902/03 diese Jugendstilvilla im Auftrag des Textilfabrikanten *Herbert Eugen Esche*.

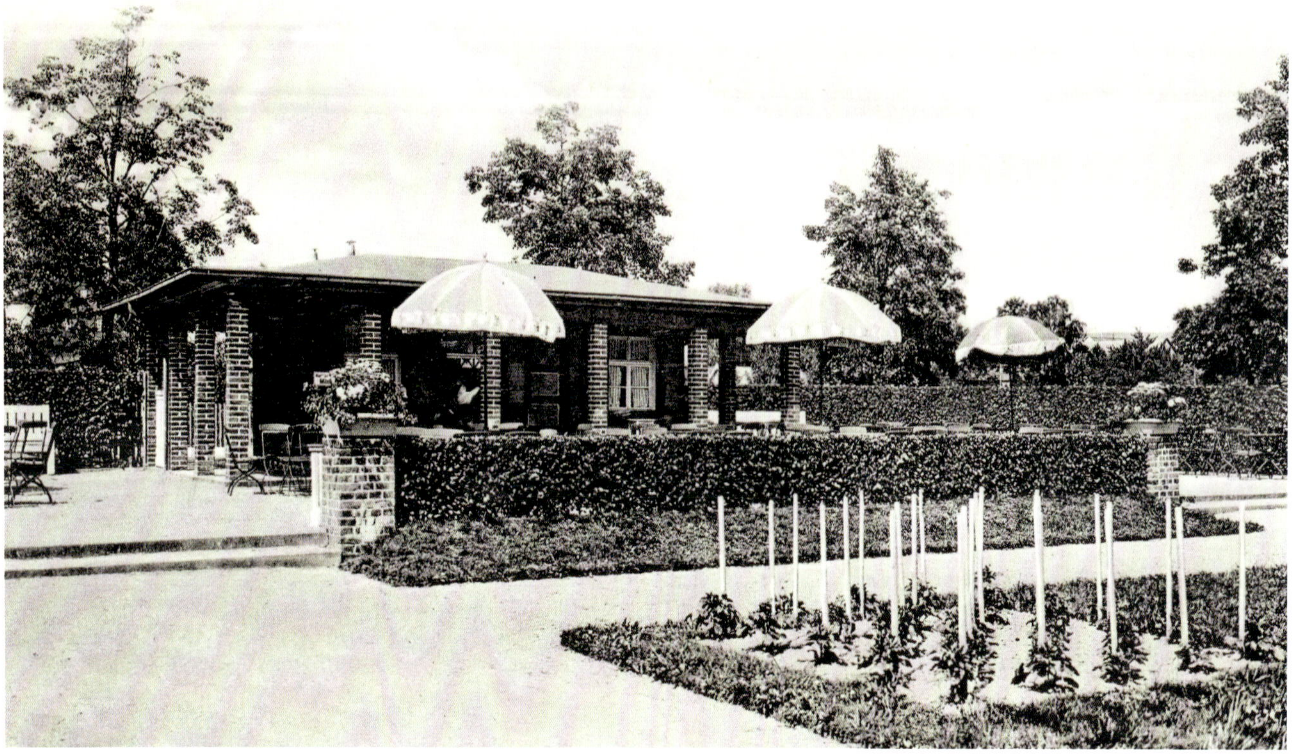

Ansicht des Milchhäuschens – dem heutigen Gartenrestaurant Polargarten – um 1940

Van de Velde erschuf aber nicht nur die damalige Inneneinrichtung und den angrenzenden Park, sondern auch alle notwendigen Alltagsgegenstände wie Esches Tabakpfeife und Bekleidungsgegenstände. Eine Besonderheit sind ein weitgehend noch original eingerichtetes Speisezimmer sowie ein originaler Musiksalon.

Bis Ende 1945 bewohnte Herbert Eugen Esche seine Villa an der Parkstraße selbst. Anschließend bezog die Sowjetische Militärkommandantur das Haus. Es folgten Jahrzehnte unterschiedlichster Nutzung und Abnutzung. Ab 1998 erwarb die GGG (Grundstücks- und Gebäudewirtschaftsgesellschaft Chemnitz) das Anwesen, es begann eine dreijährige akribische Rekonstruktionsarbeit mit eigens gegründetem Kunstbeirat und unter Begleitung der Denkmalpflege. Als hilfreich erwiesen sich zudem die überlieferten Fotografien des einstigen Besitzers Esche. Äußerst gelungen war die Rekonstruktion des originalen Farbkonzeptes sowie der Stoffe und Teppiche.

Als eines der beliebtesten Lokale im Umfeld von Helbersdorf darf die Freiluftgaststätte Polargarten gelten. Zwischen *Kleingartenverein Rosarium* und Stadtpark, unweit des Chemnitz-Flusses gelegen, erfreuen sich gerade an sonnigen Sommerwochenenden unzählige Passanten und Sportler an frischen Getränken und Speisen. Bis zu seinem Umbau 1979 war die Lokalität als Milchhäuschen bekannt. Dieser Name geht auf eine Bewegung aus der Zeit Anfang des 20. Jahrhunderts zurück. Die Stadtbevölkerung entdeckte besonders in der täglichen Milch ein gesundheitsförderndes Gut und damit einen Ausgleich zur Ruß und Qualm gesättigten Fabrikluft der Innenstadt.

Da Milch aber technisch und chemisch bedingt noch nicht so dauerhaft gelagert werden konnte wie heute, wurden vielerorts Milchhäuschen errichtet. Die umliegenden Milchbauern lieferten ihre Milch, anschließend wurde diese an die Bevölkerung verkauft. Mit der zunehmend bes-

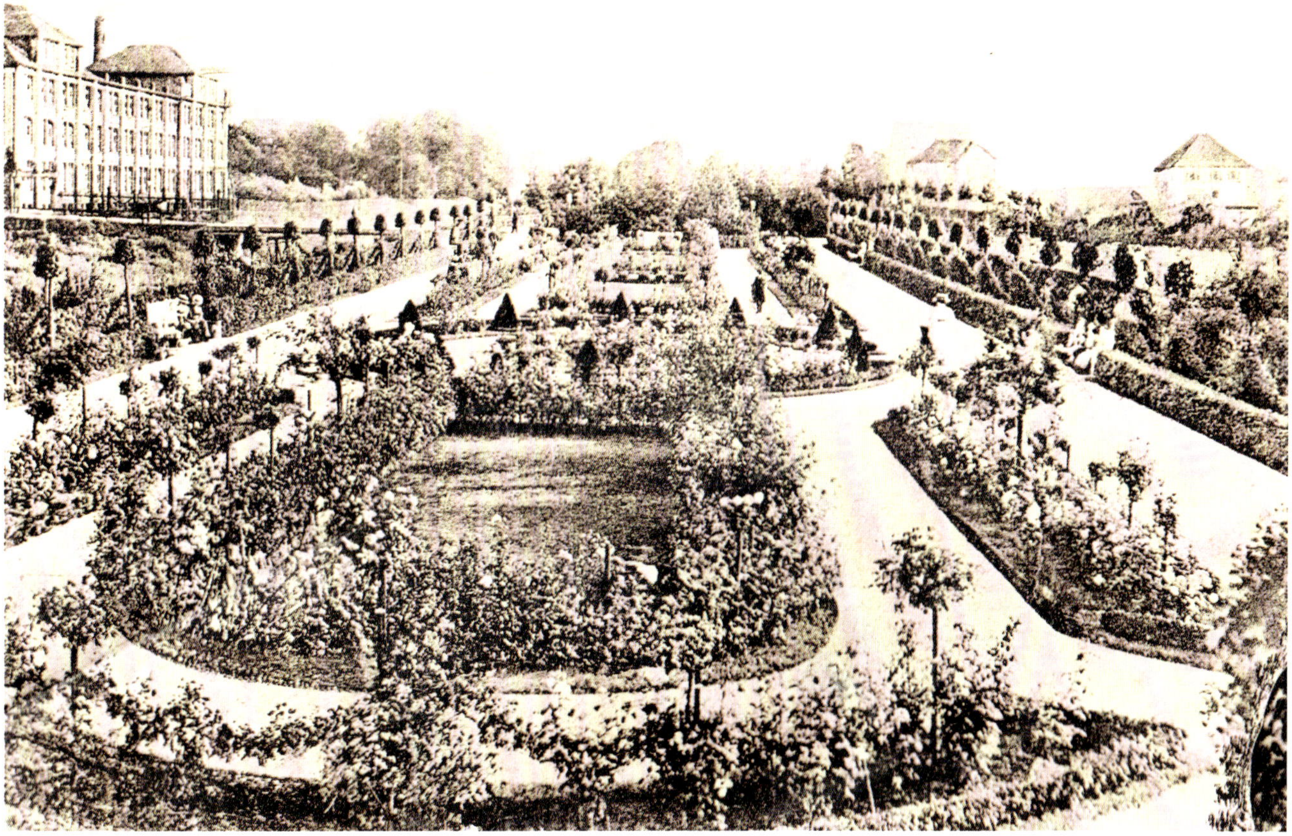

Das Rosarium im historischen Teil des Stadtparks 1910

seren Versorgung der Bevölkerung erlosch die Nachfrage nach einer Milchversorgungsstelle jedoch zunehmend. Aber auch der Polargarten steht im Dienste der Versorgung der durstigen Bevölkerung. Anlässlich des Stadtparkfestes fanden hier in den 1990er Jahren allerhand Attraktionen für Groß und Klein statt. Tanzgruppen und Modellhubschrauber zogen alljährlich tausende Zuschauer an.

Das Helbersdorf früherer Jahre lag idyllisch eingebettet zwischen Feldern im Westen einerseits und dem Stadtpark mit Chemnitz-Fluss östlich andererseits. Der Stadtpark besteht heute aus insgesamt sieben Teilen, die sich gestalterisch und in ihrer Entstehung unterscheiden. Der Abschnitt zwischen Beckerstraße und Otto-Werner-Blumengarten wird als *Alter Stadtparkteil*, jener zwischen Blumengarten und Harthwald als *Neuer Stadtparkteil* bezeichnet. Der Park stellt eine der bedeutendsten Grünanlagen der Stadt dar. Den Grundstein für einen öffentlichen Bürgerpark legte in Form einer Grundstücksschenkung an die Stadt der Textilunternehmer und Stadtrat *Ernst Otto Clauß* im Jahr 1884.

Der Rosengarten an der Heinrich-Lorenz-Straße stellt einen kleinen, aber vielleicht den attraktivsten Teil des Stadtparks dar. Ermöglicht wurde der Rosengarten, da Industrielle ihre Grundstücke am Fluss zur Verfügung gaben. Seit seiner Gestaltung in den Jahren 1904 und 1905 durch den Gartenarchitekten *Otto Werner* entstand eine große Zahl von Ansichts- und Postkarten, auf welchen dieses botanische Kleinod verewigt ist. Ab Mitte der 1920er Jahre bis zu ihrer Einschmelzung Anfang der 1940er Jahre verweilte die bronzene *Sandalenbinderin* des Berliner Künstlers Arthur Lewin-Funcke in der Mitte des Gartens. Seit den 1980er Jahren blickt nun die *Junge Frau* aus der Mitte des Rosengartens Richtung Helbersdorf.

# 1972

Dieses Luftbild bildet das Gebiet am 18. März 1972 ab. Der Flughafen wird für den Linienflugbetrieb nicht mehr genutzt. Nach langwierigen Diskussionen, in denen sich für oder gegen den Verbleib des Flugbetriebes ausgesprochen wurde, fiel letztlich die Entscheidung zugunsten des Wohnungsbaus. Seit wenigen Tagen rollen die Bagger an der Irkutsker-Straße. Die offizielle Grundsteinlegung für das Fritz-Heckert-Wohngebiet wird am 5. Oktober 1974 sein. Der Namensgeber wurde mit Bedacht gewählt. Der Chemnitzer Politiker Fritz Heckert hatte sich bereits Anfang des 20. Jahrhunderts für die Lösung der Wohnprobleme für weite Teile der Bevölkerung eingesetzt. Mit dem Wohngebiet soll nun jeder Bürger eine moderne und bezahlbare Wohnung bekommen, in der er sich von seinem Arbeitsalltag regenerieren kann.

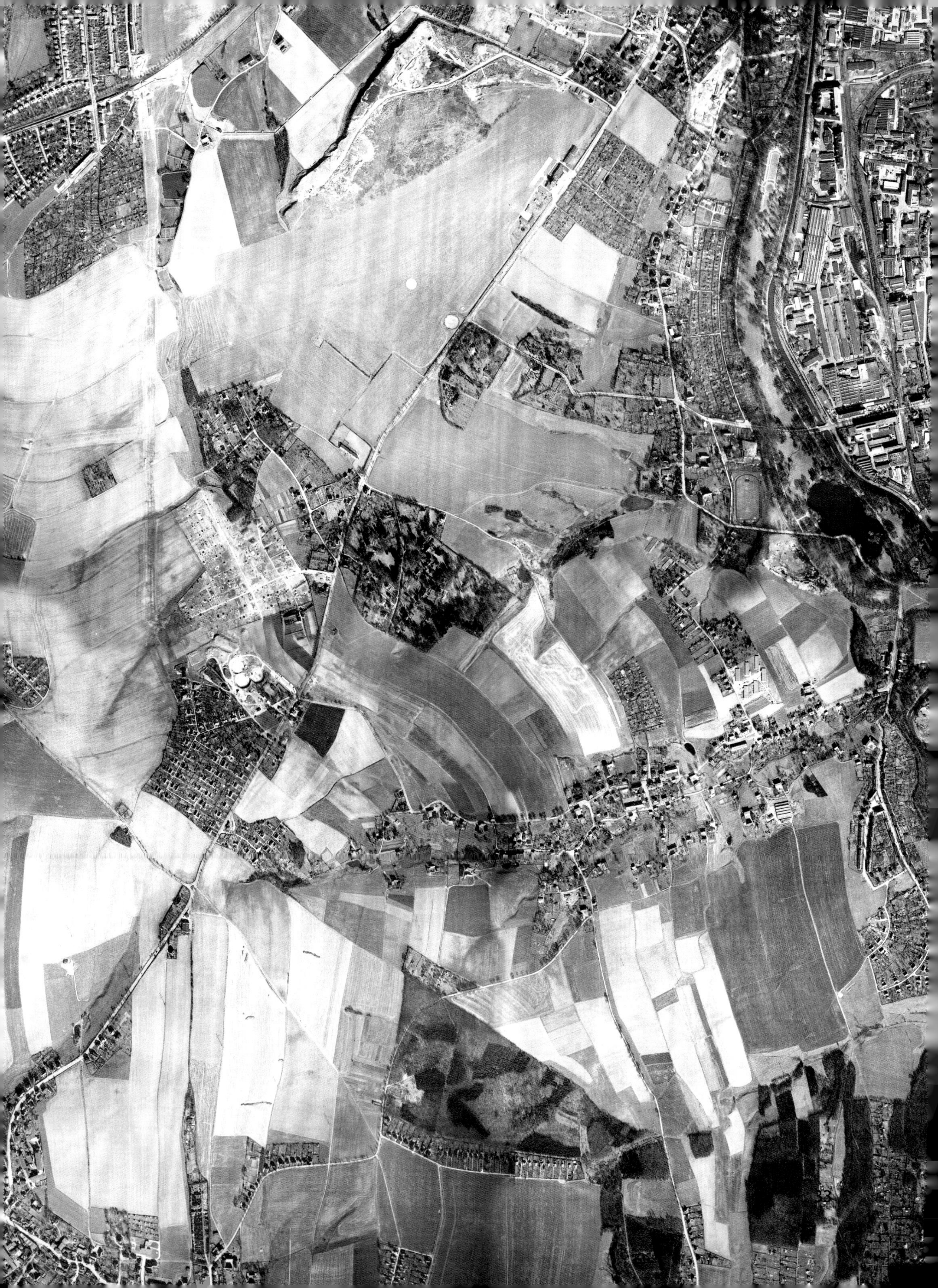

# Visionen und Baubeginn in Helbersdorf

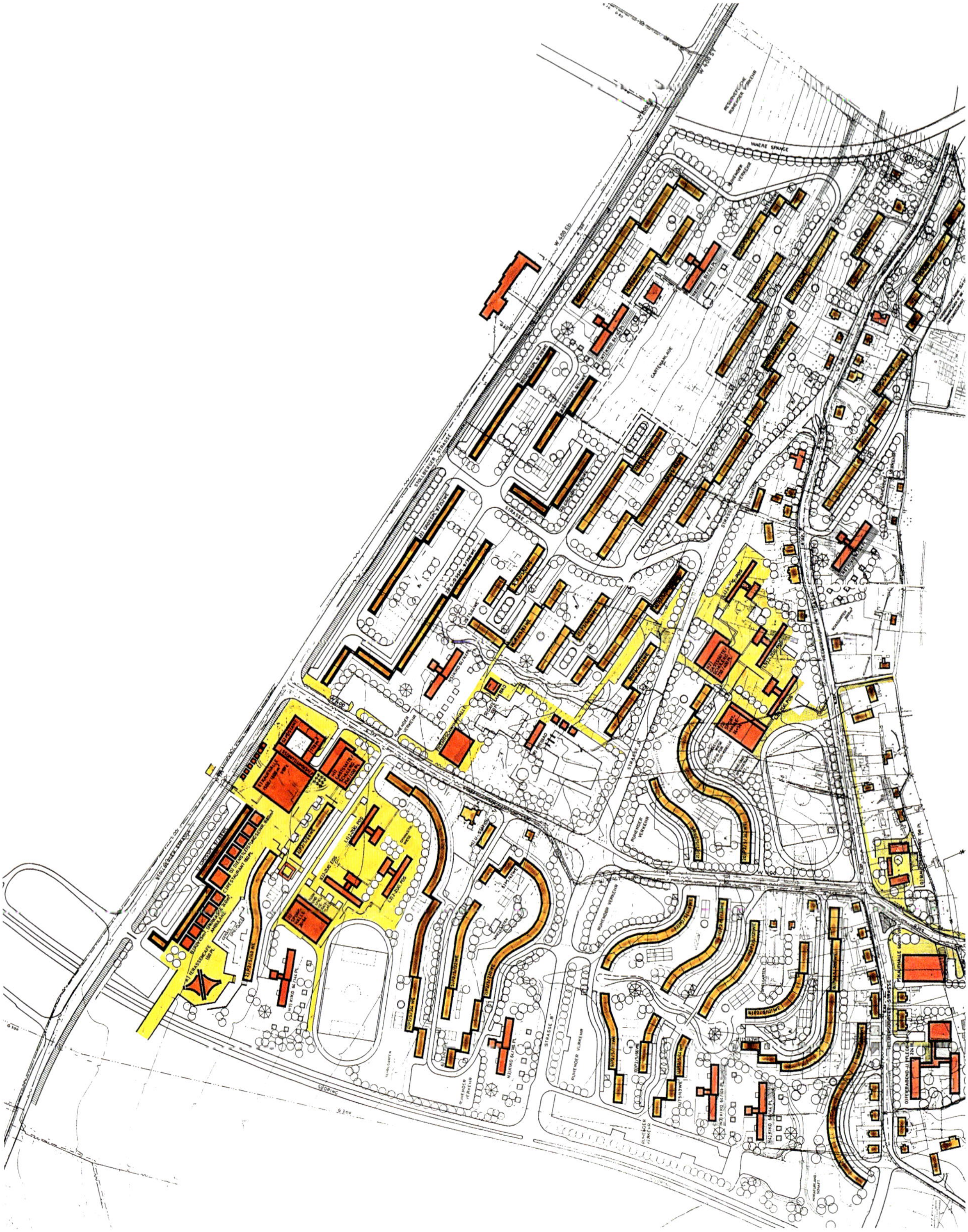

Ein Plan des Helbersdorfer Hanges, ehemals BG I, mit Hangstraße und geschwungenen Wohnhäusern an der Paul-Bertz-Straße. Die Hangstraße entfiel später zugunsten einer verbreiterten Helbersdorfer Straße.

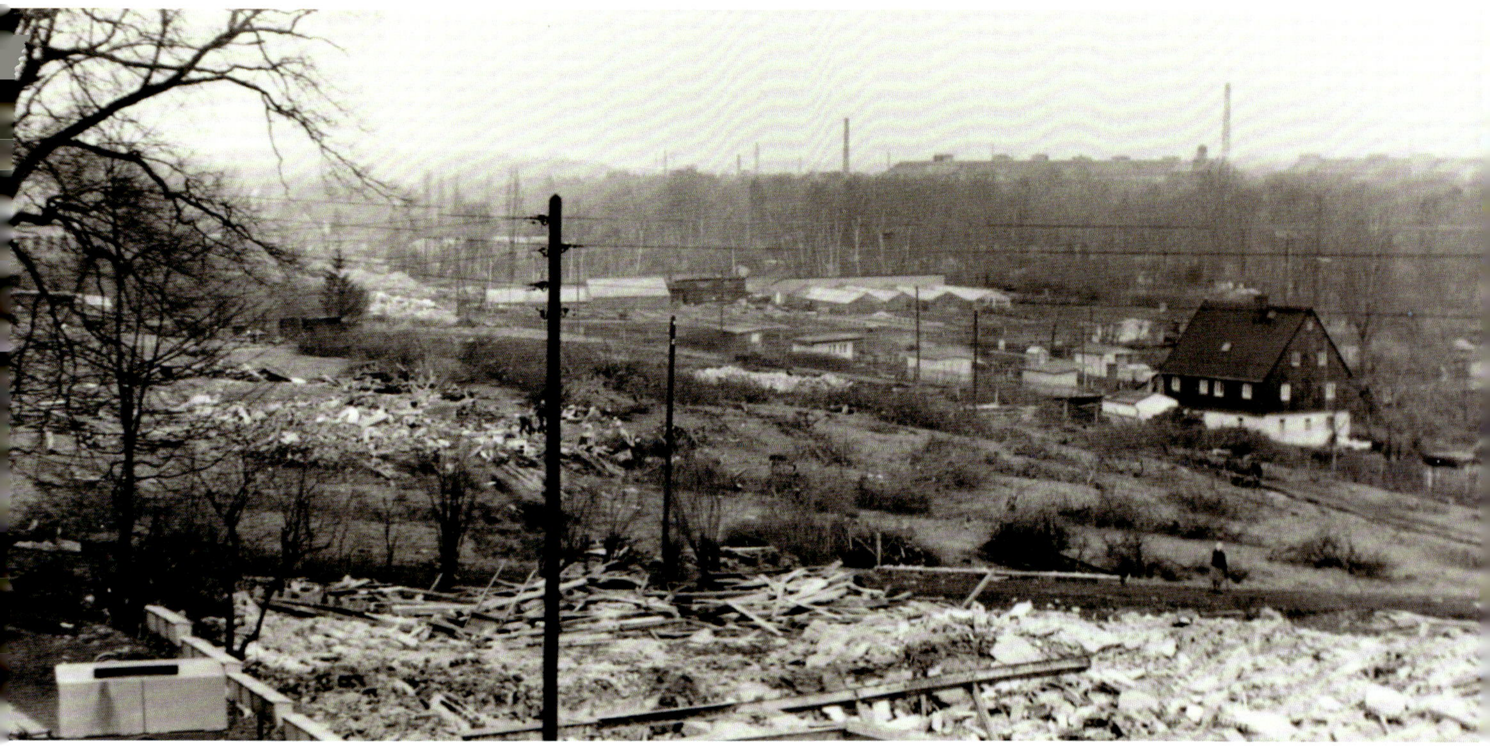

Die Dittersdorfer Straße, Blick von der Helbersdorfer Straße Richtung Stadtpark im März 1973 (oben). Gleicher Ort und Blickrichtung auf den Bau der Kaufhalle und des Wohnhauses Am Stadtpark 2–12 im Jahr 1977 (unten).

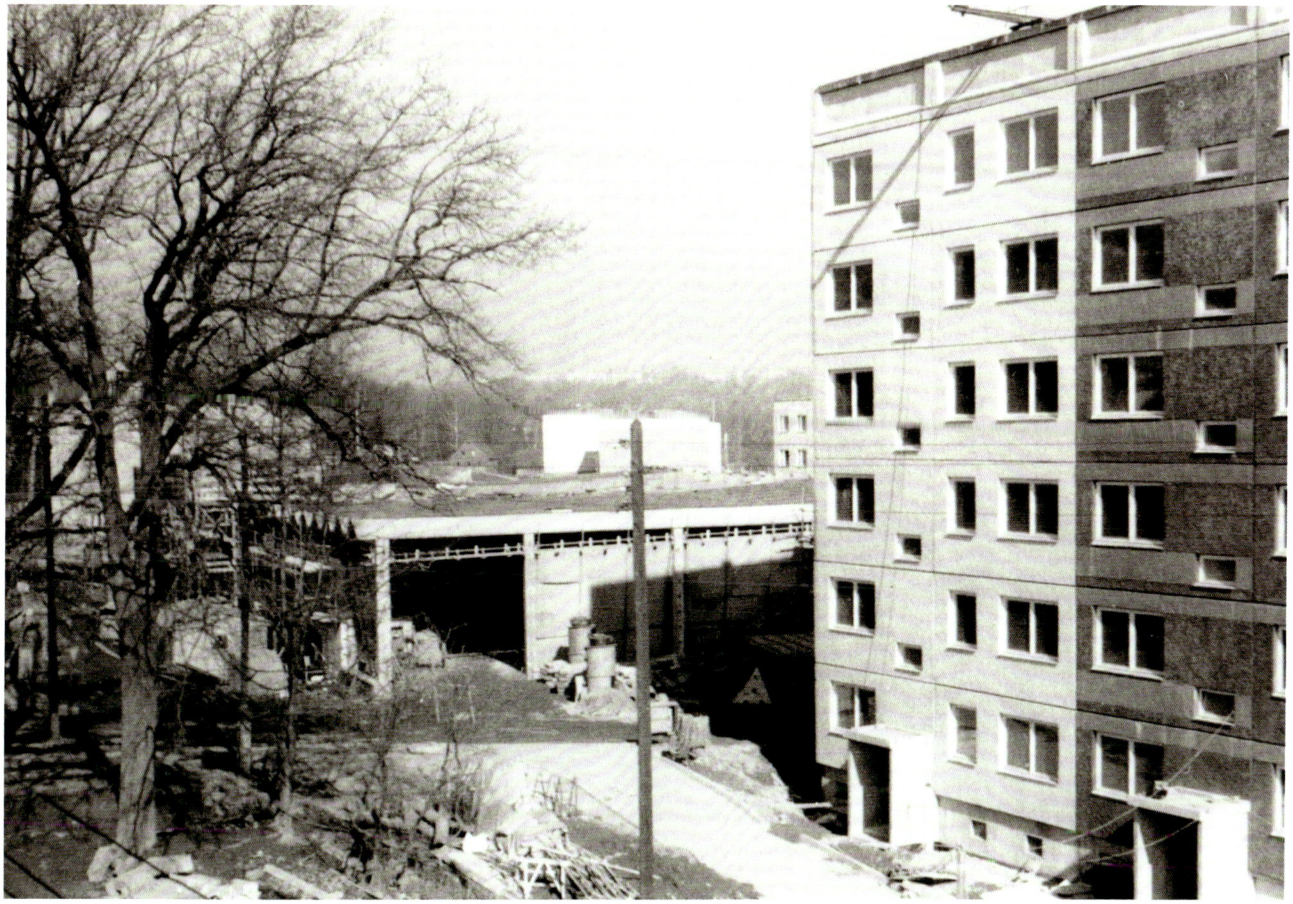

# Konzepte und Pläne für das Wohngebiet »Fritz Heckert«

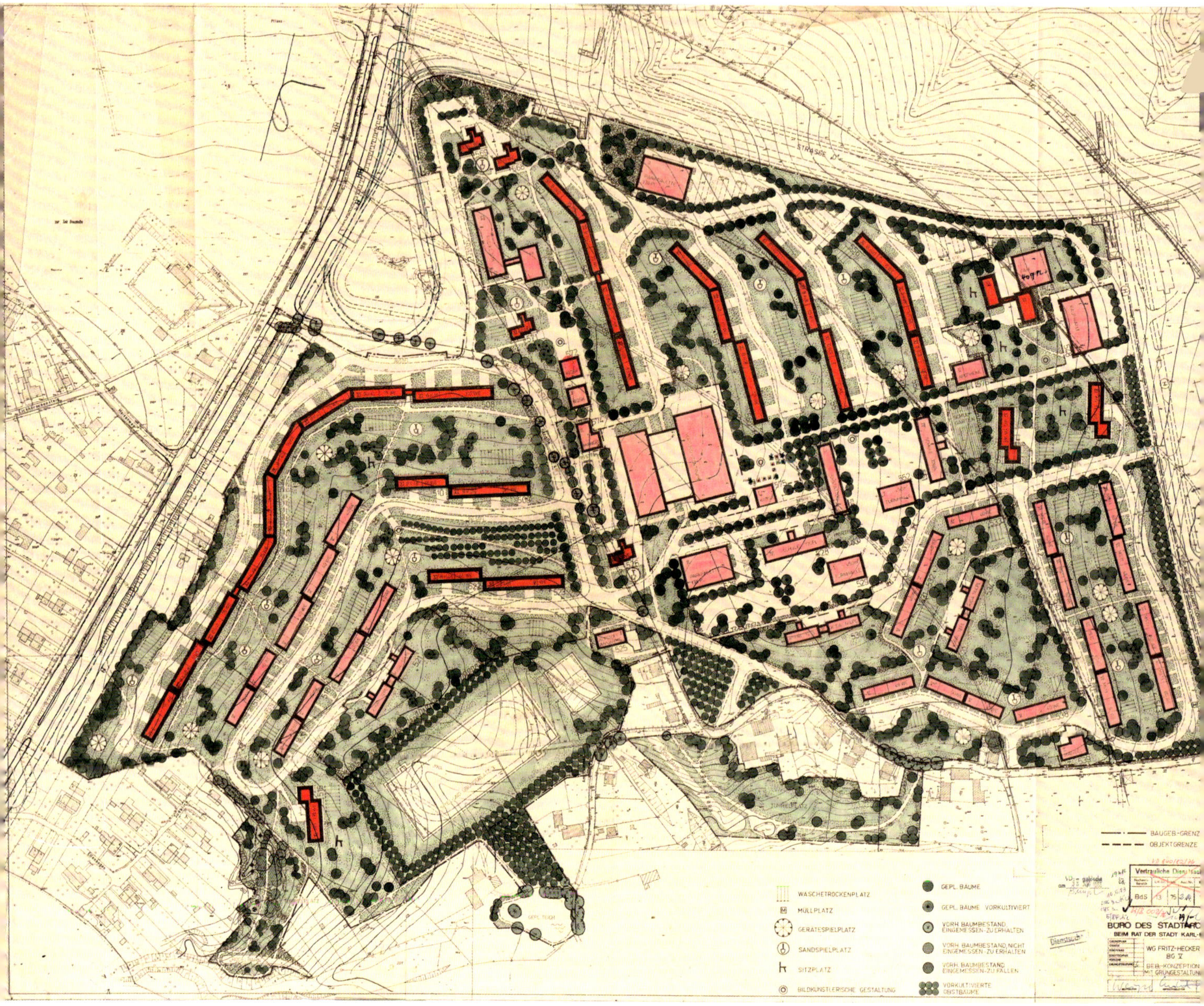


Das Büro des Stadtarchitekten erstellte für alle Baugebiete einen Bebauungs- sowie einen Grünflächenplan, wie hier vom Baugebiet V. Alle in den Plänen gezeichneten Projekte wurden jedoch nicht realisiert.

Die *Innere Spange* am Helbersdorfer Hang wurde nicht gebaut.

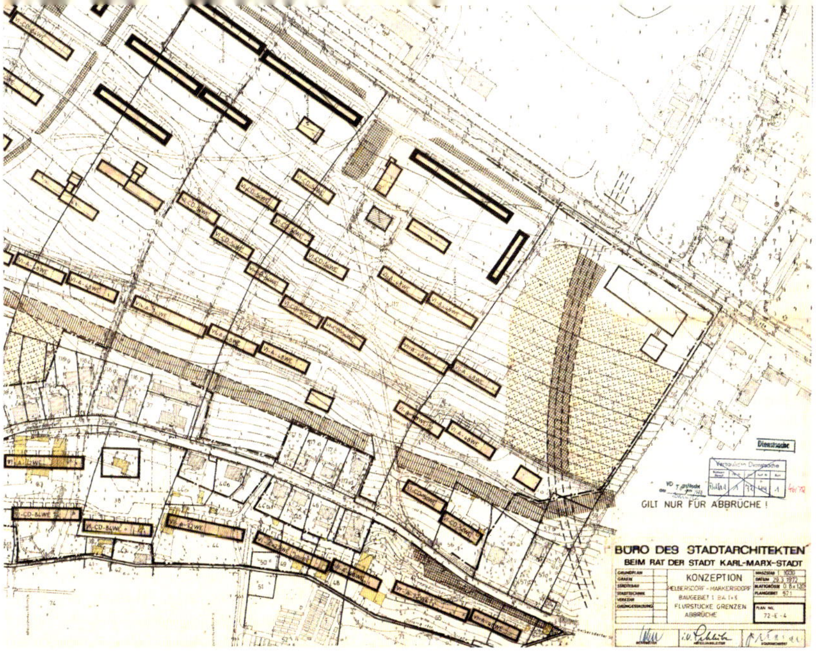


Eine Straßenbahnlinie nach Markersdorf-Süd, ins ehemalige Baugebiet VII, wurde ebenfalls nicht umgesetzt.

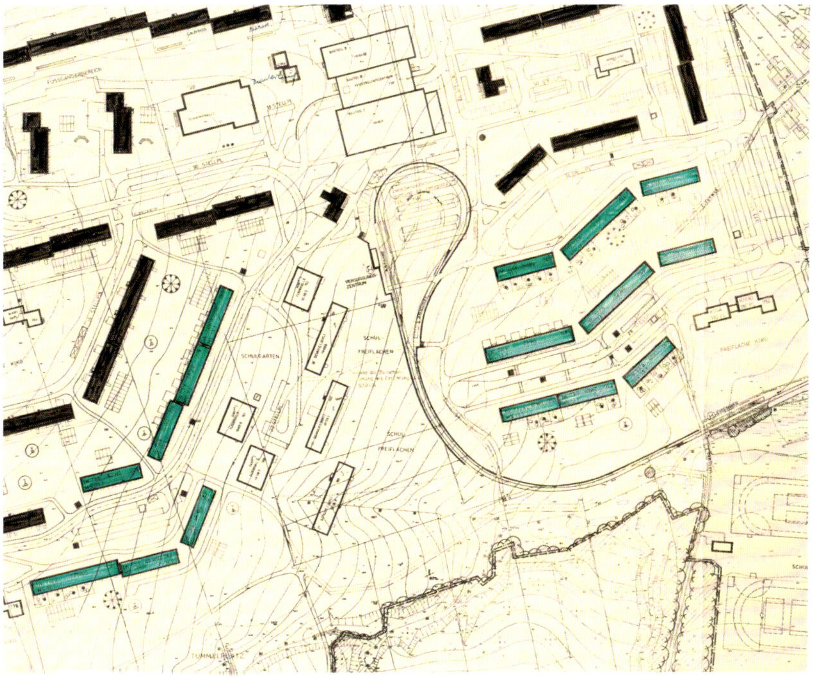

Auch die Marie-Tilch-Straße in Hutholz-Süd blieb unvollendet.

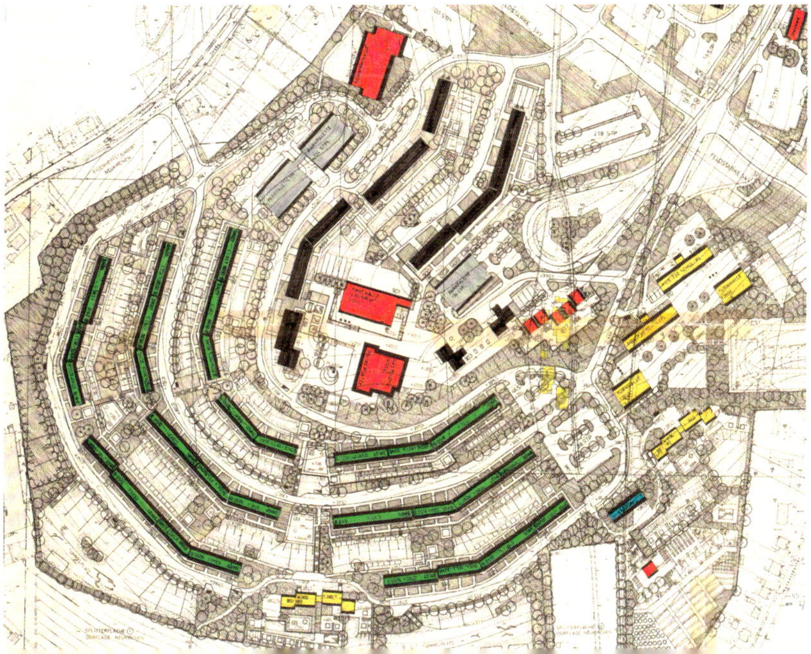

# 1978

Am 20. August 1978 läuft der Baubetrieb im Fritz-Heckert-Gebiet auf Hochtouren. Im Baugebiet III, dem heutigen Markersdorf-Nord, sind bereits Rohbauten errichtet worden. In der Morgenleite laufen die Erschließungsarbeiten für die Fernwärmeversorgung. Weiter Richtung Stollberger Straße ist von der späteren »Stadtmauer« und den Häusern auf der Max-Türpe-Straße noch nicht viel zu erkennen. Die ersten beiden Bauabschnitte des Südrings sind teilweise fertiggestellt. Unter dem weißen Viereck befindet sich eine Funkstelle der Nachrichtenkompanie der Nationalen Volksarmee (NVA).

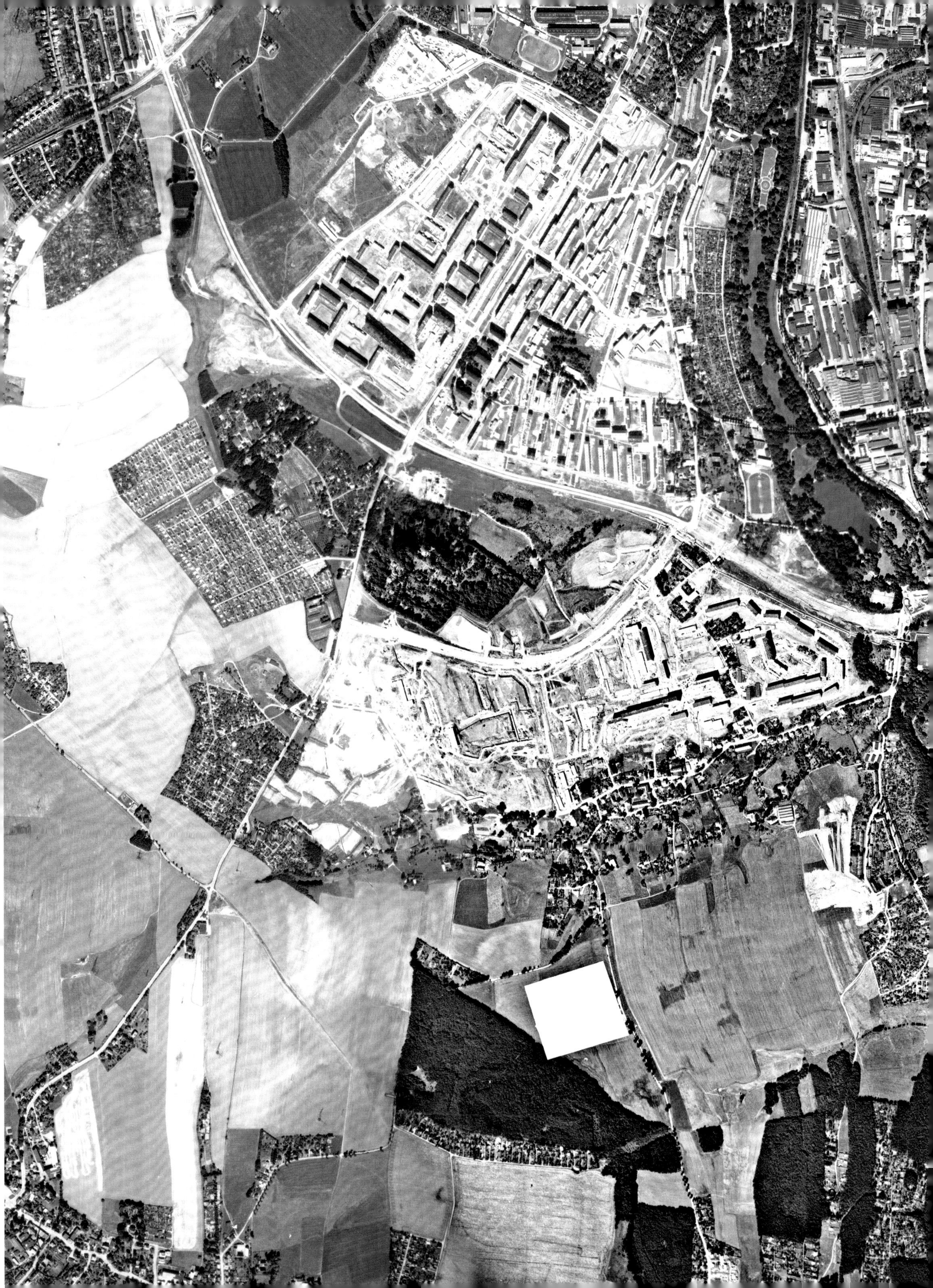

1953

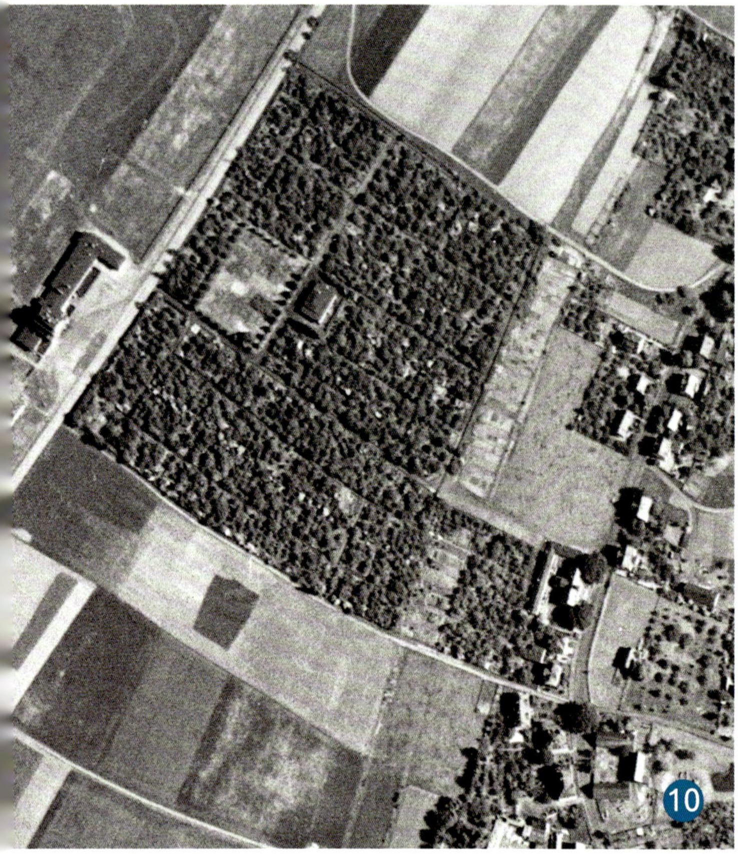


1972

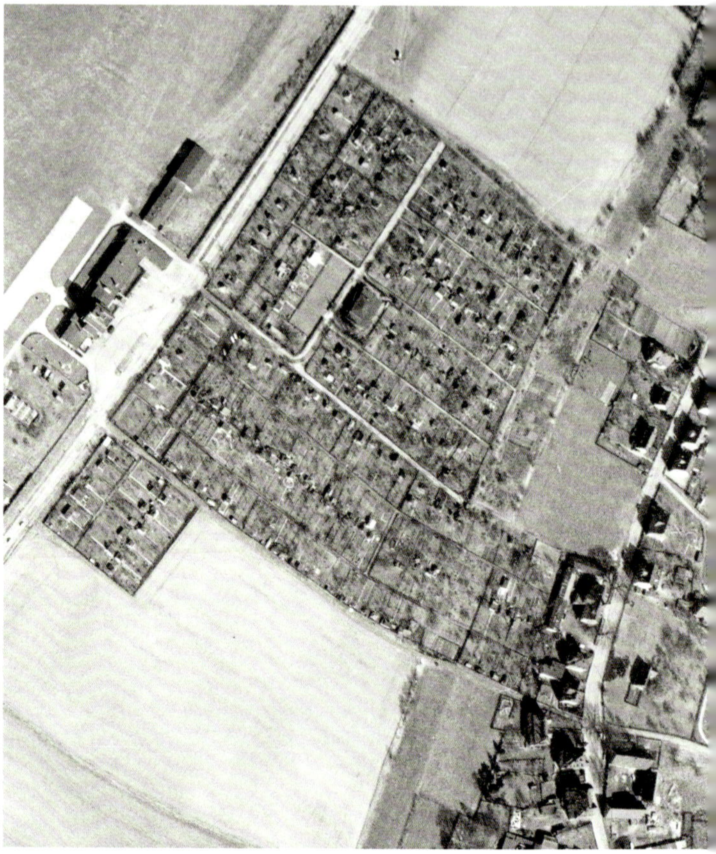

Der *Schrebergartenverein Chemnitz-Helbersdorf* wurde am 23. September 1917 im Gasthaus »Zum Stadtpark« gegründet. Im Verein gab es seit jeher ein reges Kulturleben. Über Jahrzehnte bewirtschafteten die Kleingärtner ihre Parzellen mit Fleiß und Freude, bis sie im Jahr 1972 dem Wohngebiet »Fritz Heckert« weichen und zum heutigen Standort südwestlich der Steinberg-

1978

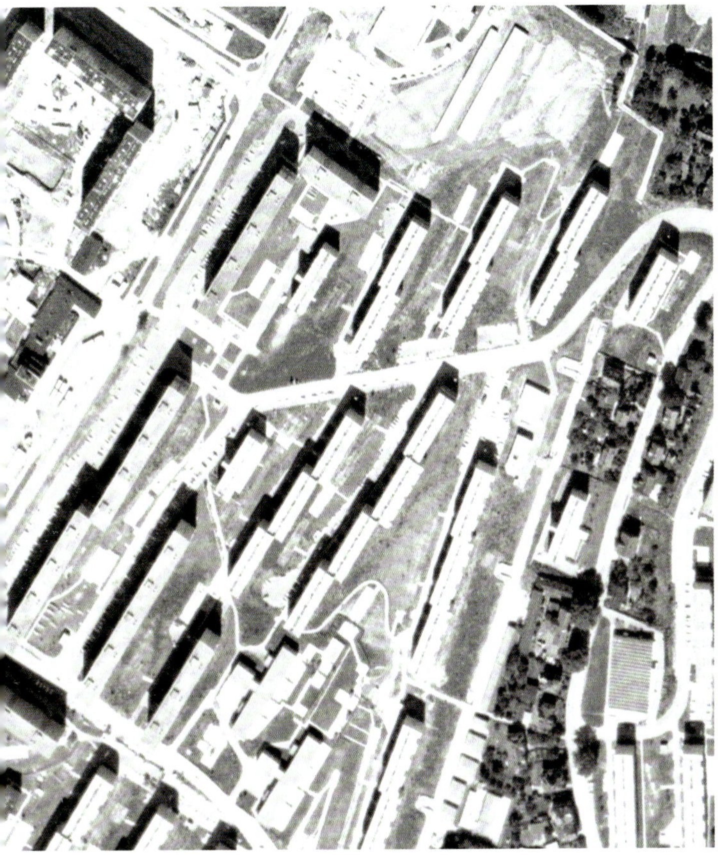

1988

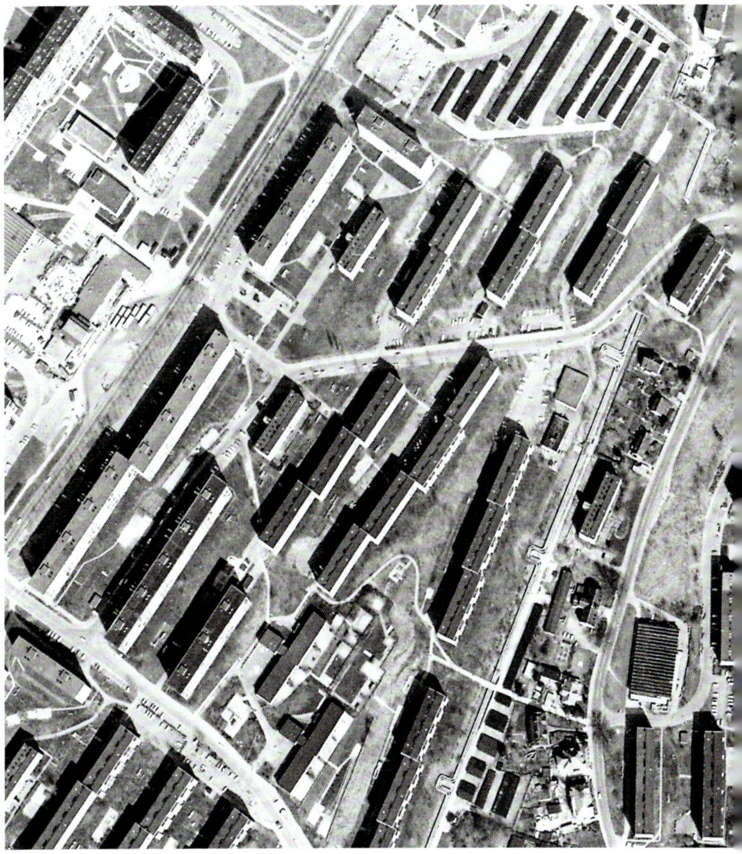

siedlung umziehen mussten. Das neue Land wurde urbanisiert, so mancher Baum und manche Laube wechselten den Standort. Drei Jahre nach dem Umzug konnte die Sparte Helbersdorfer Hang ein neues Vereinsheim errichten.

1953

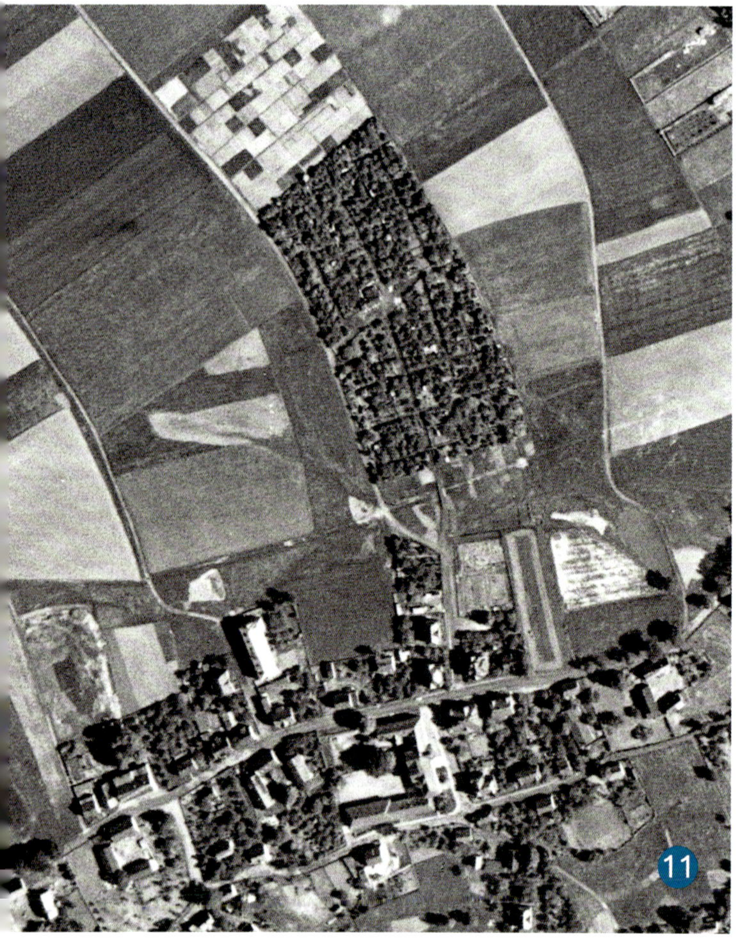

1972

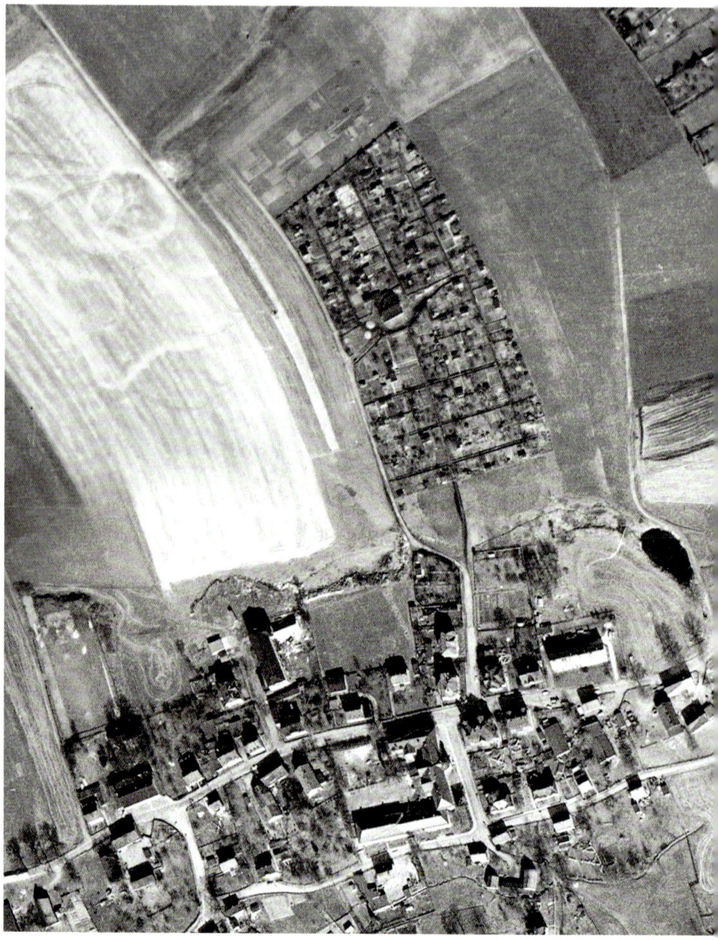

Ein ganz ähnliches Schicksal teilte der Kleingartenverein Markersdorf. Der im Jahr 1919 gegründete Verein existierte die ersten fünf Jahrzehnte seines Bestehens an der Steinbergstraße in Markersdorf. Am 29. Oktober 1975 wurde im Zuge der Errichtung des Baugebietes III/IV die Verlagerung beschlossen. Eine Einbeziehung der Gärten ist zwar untersucht worden, wurde schließ-

1978

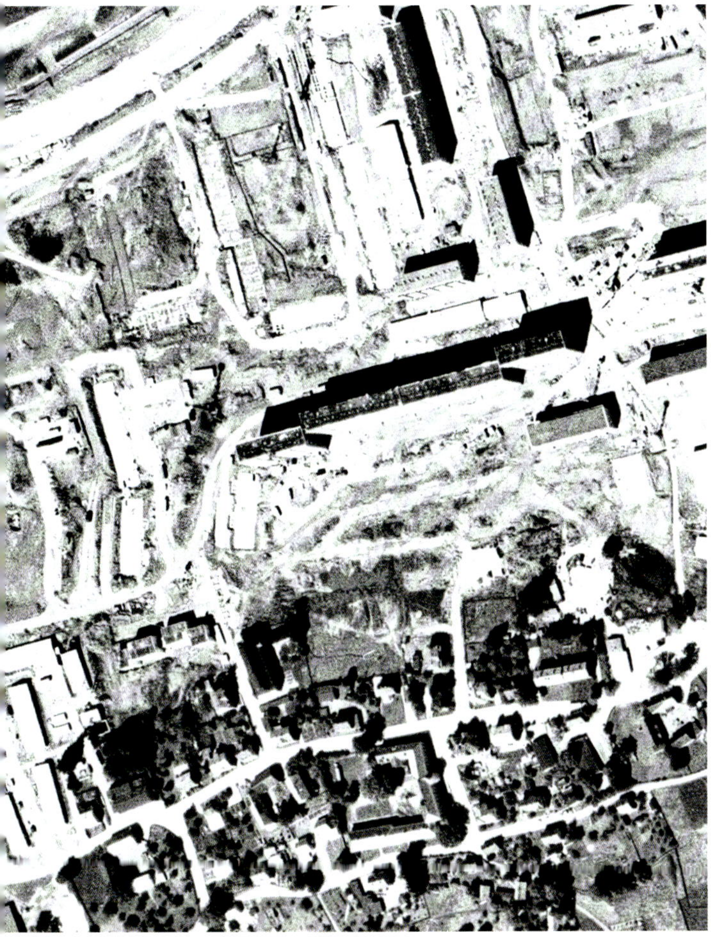

1988

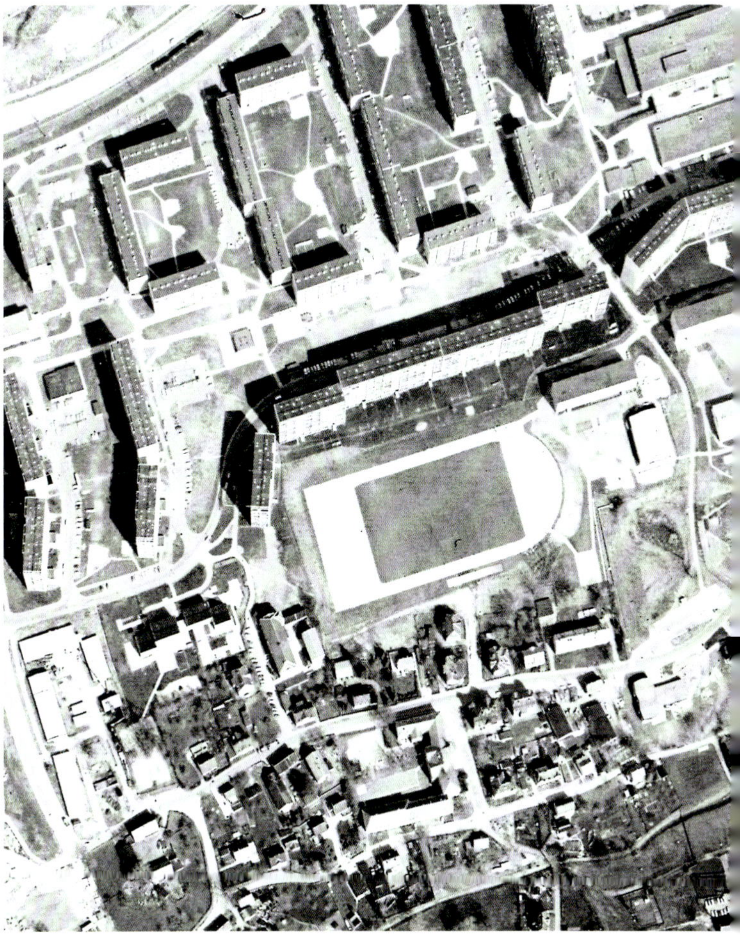

lich aber verworfen. An jener Stelle wurden die Wohnhäuser der Wilhelm-Firl-Straße 10–28 und ein Sportplatz errichtet. Seither haben die Gartenfreunde am idyllischen Harthwald ihr neues zu Hause gefunden.

## 1983

Im Sommer 1983 sind die südlichen Teile des Fritz-Heckert-Gebietes eine einzige Baustelle. Die Wohngebiete im Norden sind jedoch fertiggestellt. Auch von der Kurt-Schneider-Straße bis hoch zur Stadtmauer stehen die Häuser. Auf den Parkplätzen der Wilhelm-Firl- und der Faleska-Meinig-Straße parken schon Autos der Bewohner. Zwischen den Wohnblöcken sind fertige Fußwege aber ebenso selten anzutreffen wie Grünflächen oder Gehölze. In jener Zeit kann der Wohnort eines Bewohners an der Farbe der Erde und des Lehms seiner Schuhe abgelesen werden.

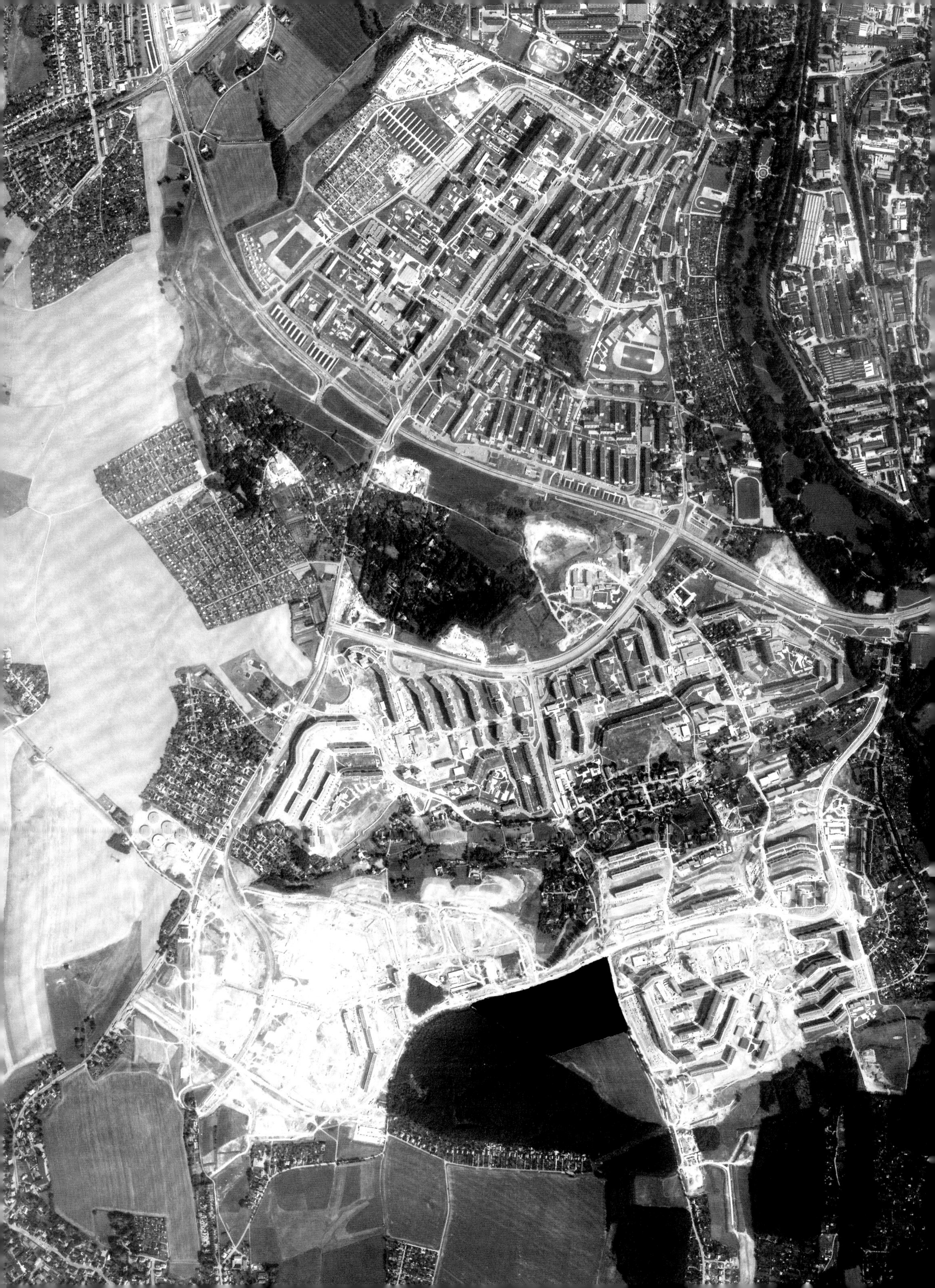

# Der Bau des Wohngebietes »Fritz Heckert« in den 1970er und 1980er Jahren

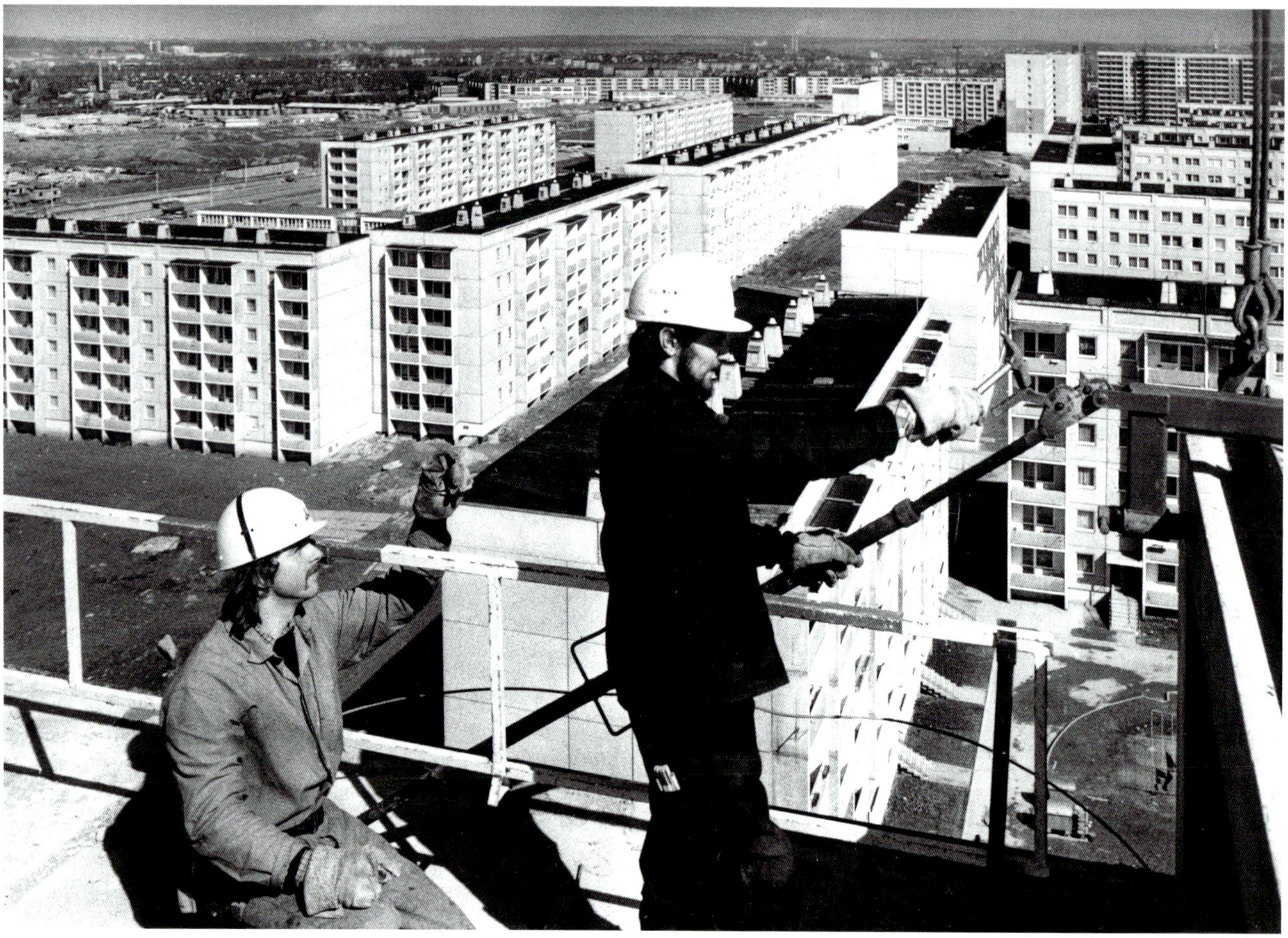

Auf dem Dach der Dr.-Salvador-Allende-Straße 156–160

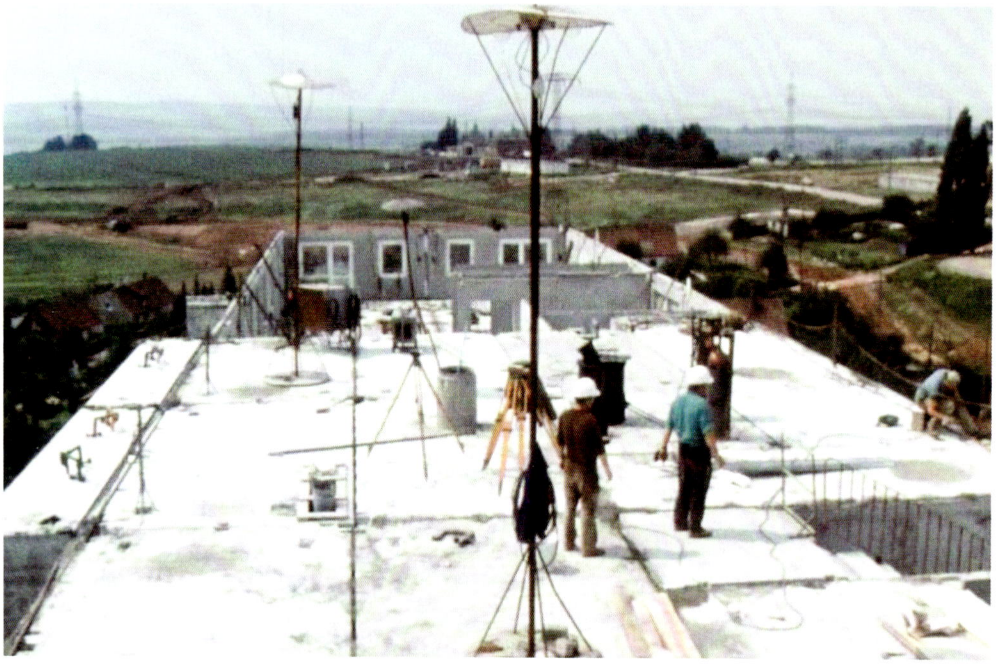

Johann-Richter-Straße 25 – die »Stadtmauer«, 1981

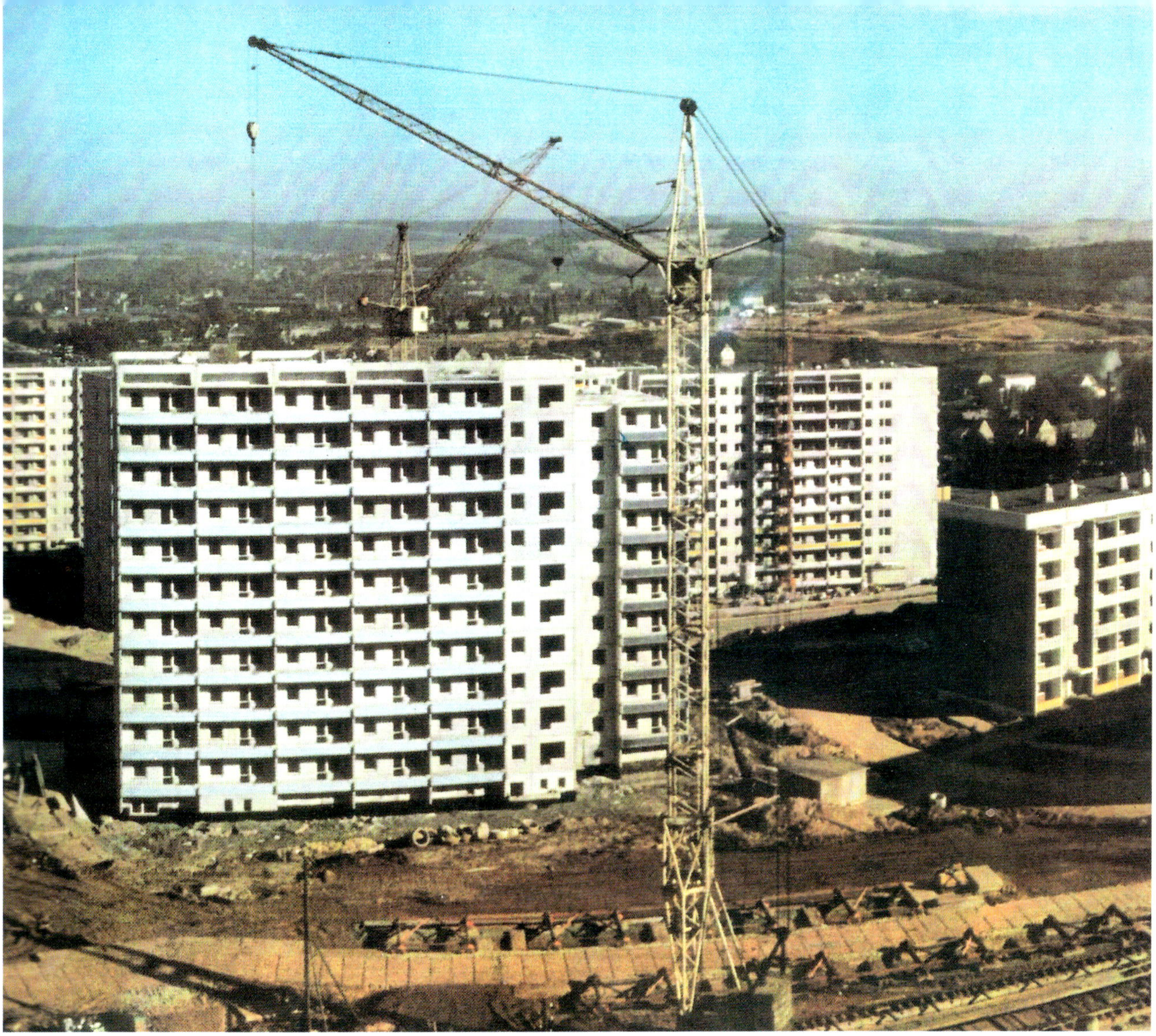

Blick von der Albert-Köhler-Straße 46 auf die Albert-Köhler-Straße 44 und Wilhelm-Firl-Straße

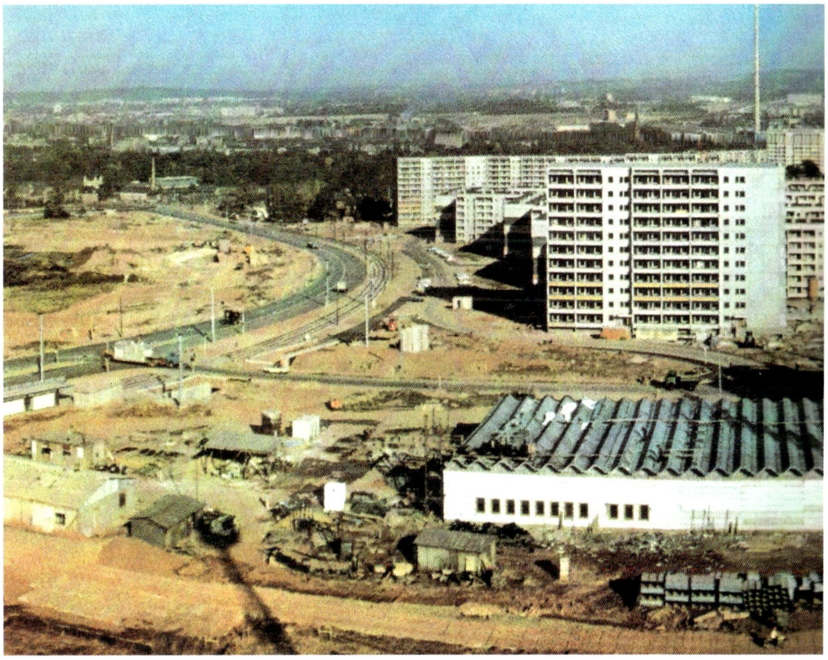

Bebauung entlang der Wladimir-Sagorski-Straße Höhe Burkhardtsdorfer Straße

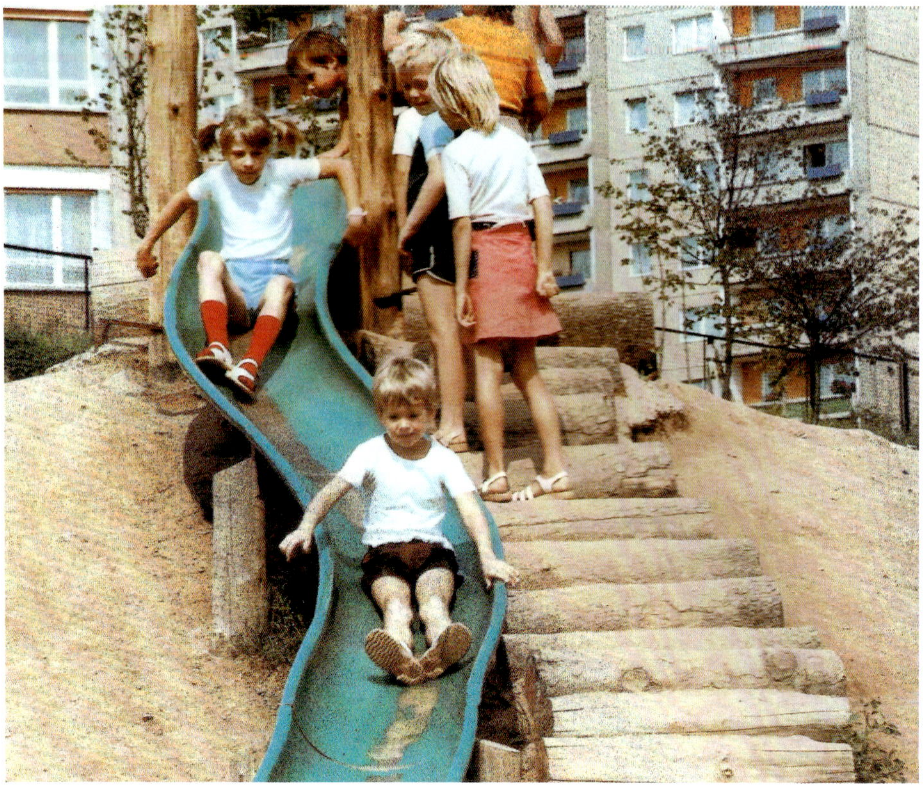

Spielplatz an der Alfred-Neubert-Straße

Namensweihe der Wolgograder Allee am 15. Mai 1985

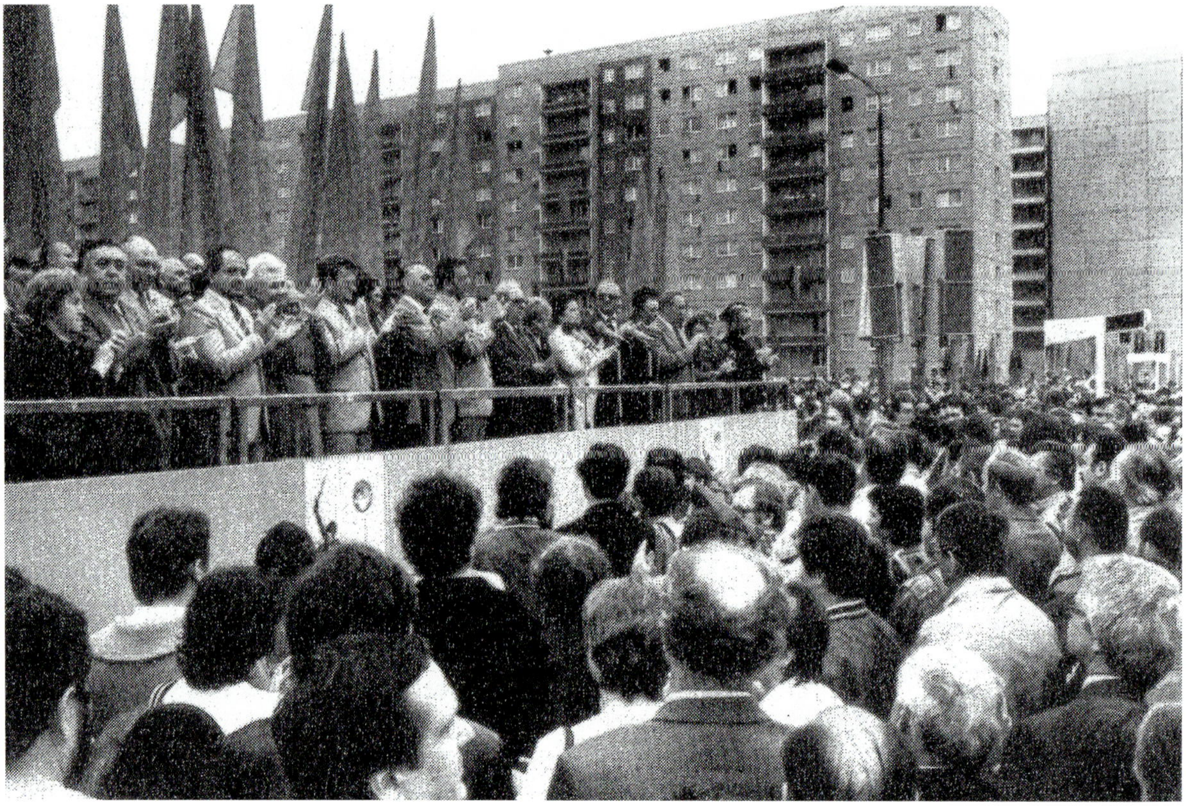

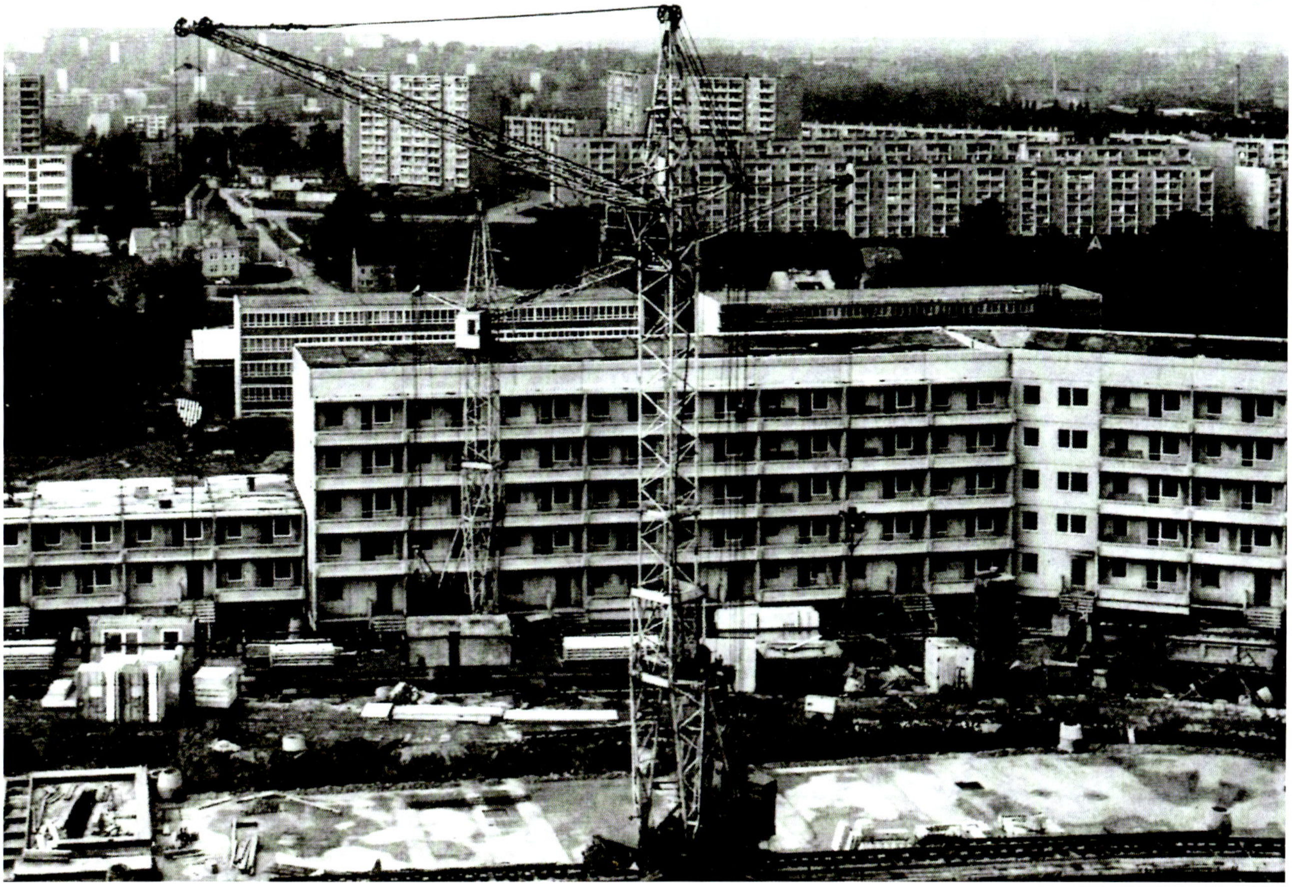

Arno-Schreiter-Straße 7–29 um 1982

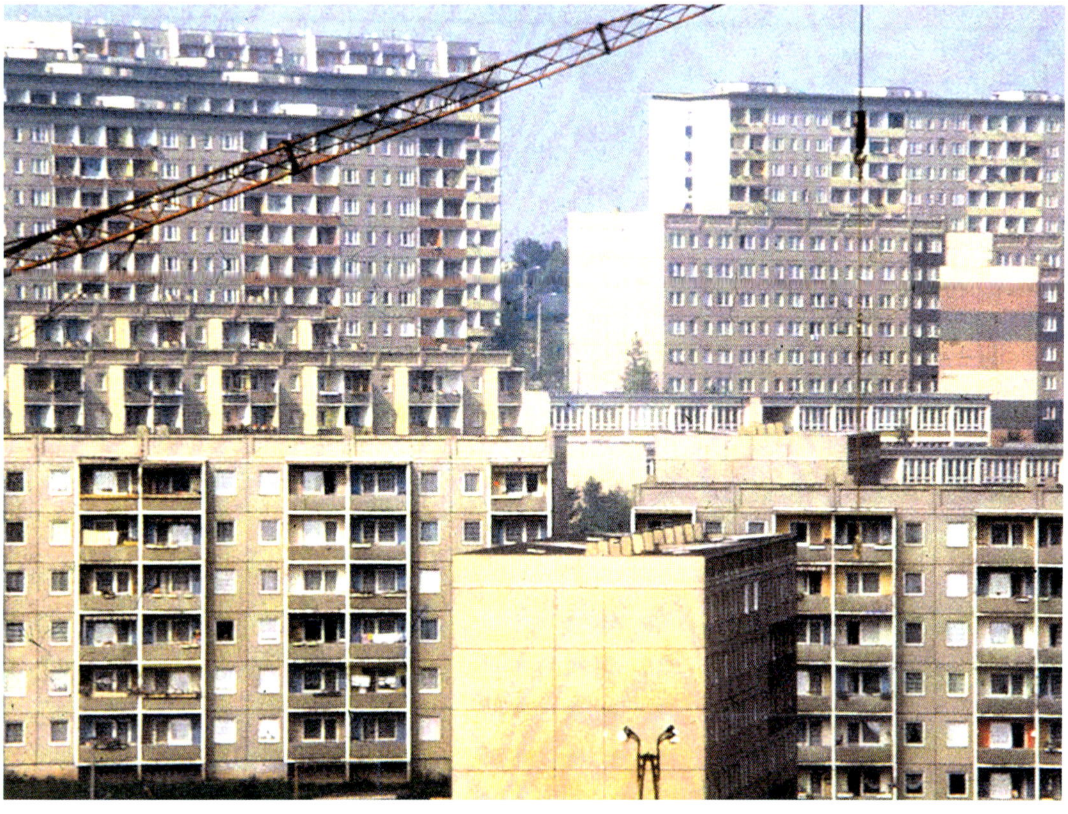

Blick auf den Helbersdorfer Hang

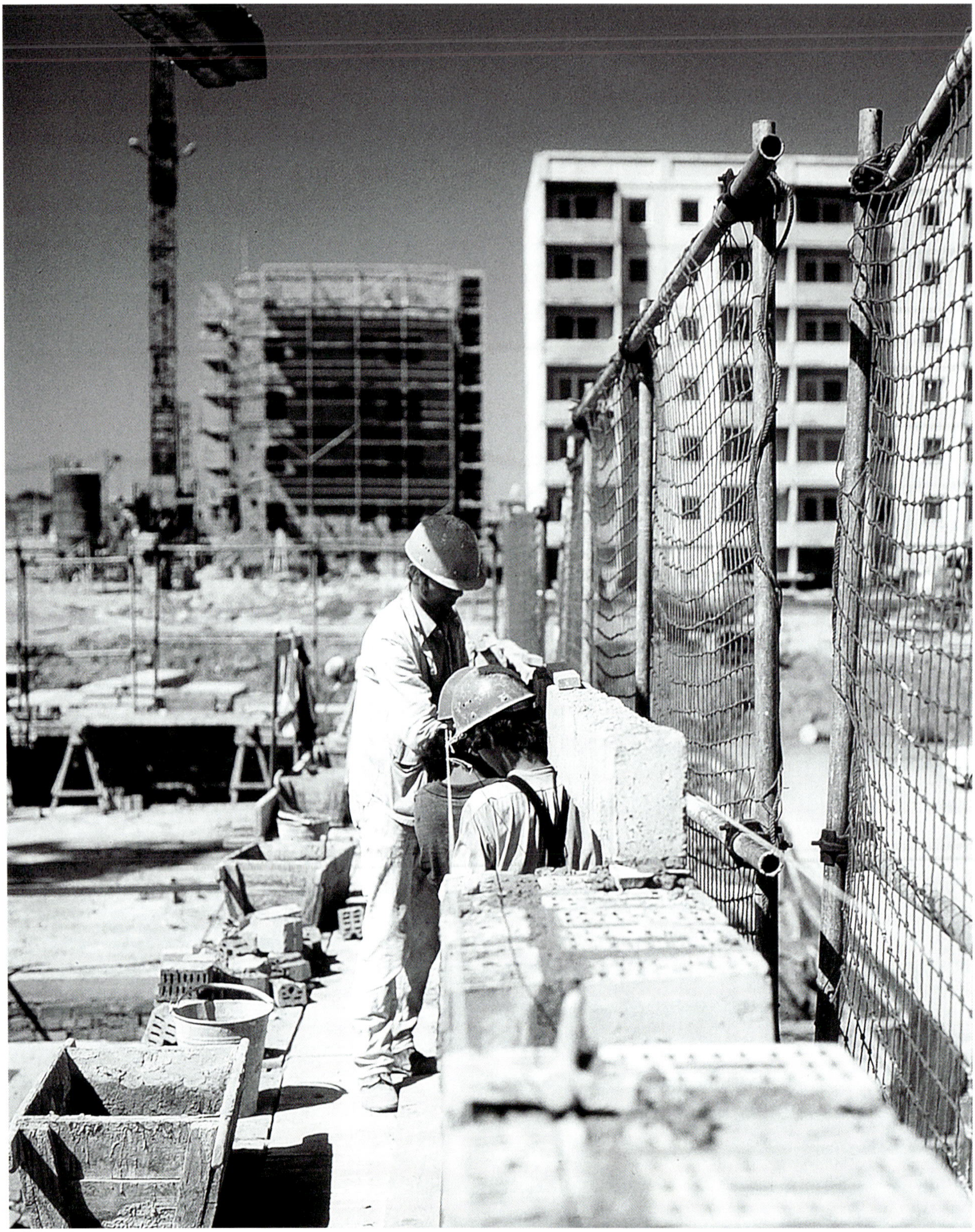

Lehrlingsausbildung beim Wohnungsbaukombinat (WBK) – Paul-Bertz-Straße 65

Der Ikarus-Boulevard im Baugebiet II vom Vorplatz der Sportstätte Sachsenhalle

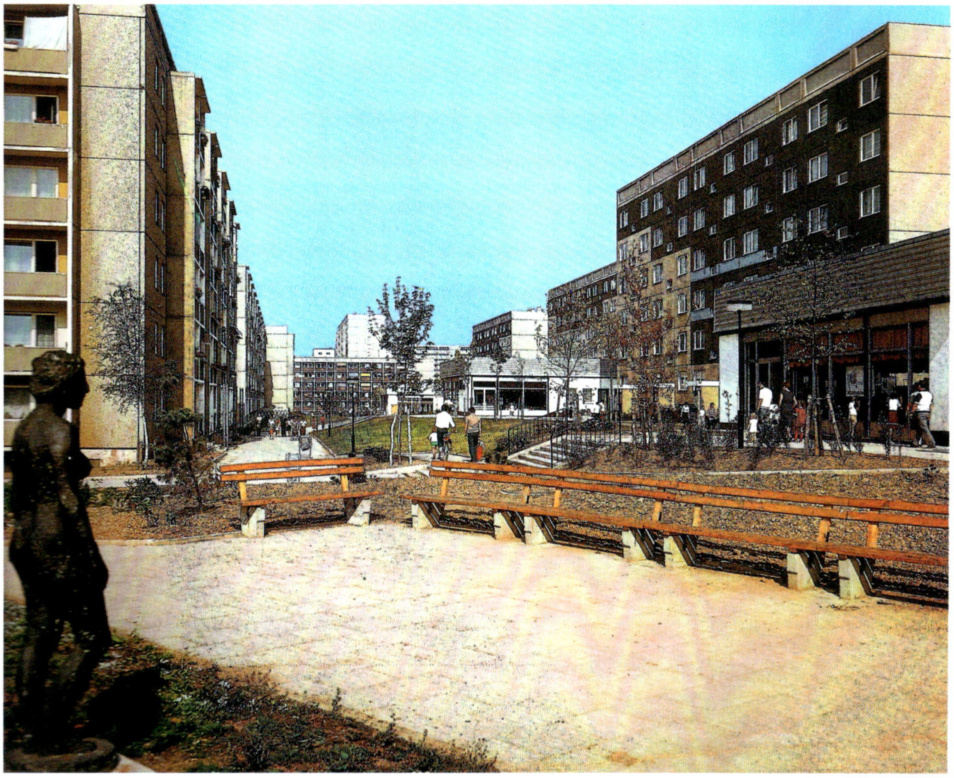

Montage einer Kellerwand im BG II, 1976. Im Hintergrund das Wohnhaus Usti nad Labem 187–195 im Bau.

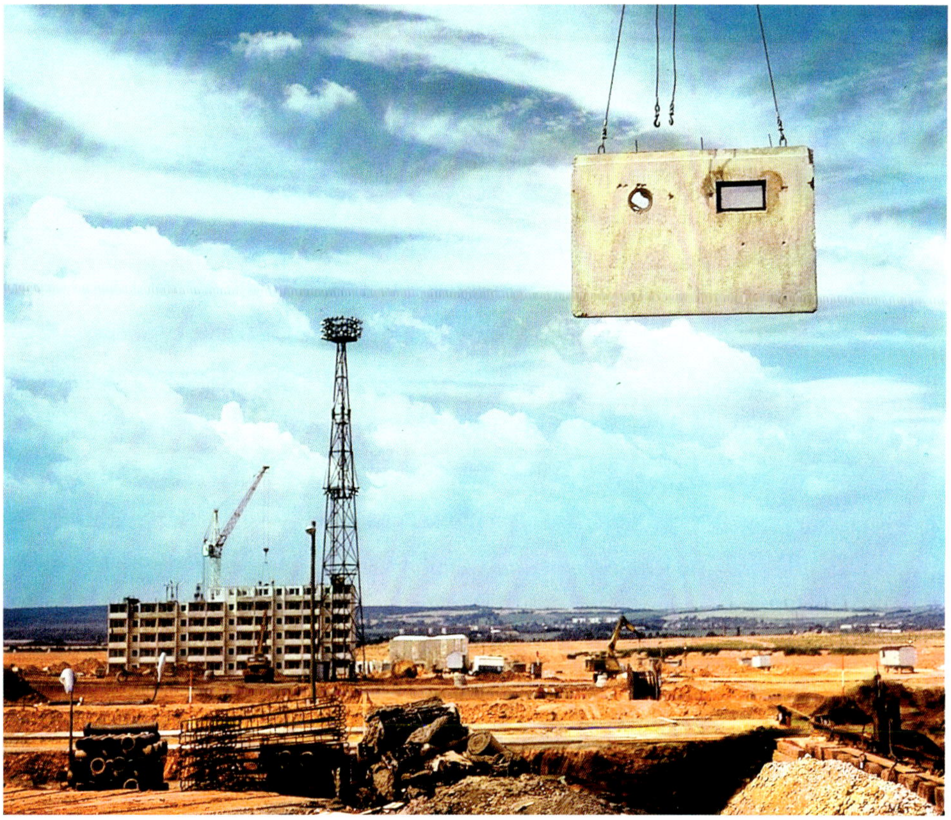

## 1988

Im Jahr 1988 ist das Ende der Bauarbeiten im Wohngebiet fast erreicht. In den vergangenen anderthalb Jahrzehnten entstand auf einer Fläche von 7,5 Quadratkilometern und mit 33 000 Wohnungen, in denen bald 93 000 Menschen wohnen werden, das drittgrößte Neubaugebiet der DDR. Fast jeder dritte Einwohner der Stadt wohnt hier. Wer nicht selbst hier lebte, kannte zumindest jemanden, der in eine dieser Neubauwohnungen einziehen durfte. Zu den Wohnungen wurde die komplette Infrastruktur einer Stadt errichtet. 50 Straßen bilden ein Netz von rund 53 Kilometern Länge. Vom tiefsten Punkt im Umfeld des Hauses Am Stadtpark 74 (308 m über NN) bis zum höchsten Punkt nahe der Friedrich-Viertel-Straße 94 (411,5 m über NN) müssen stolze 103,5 Höhenmeter überwunden werden.

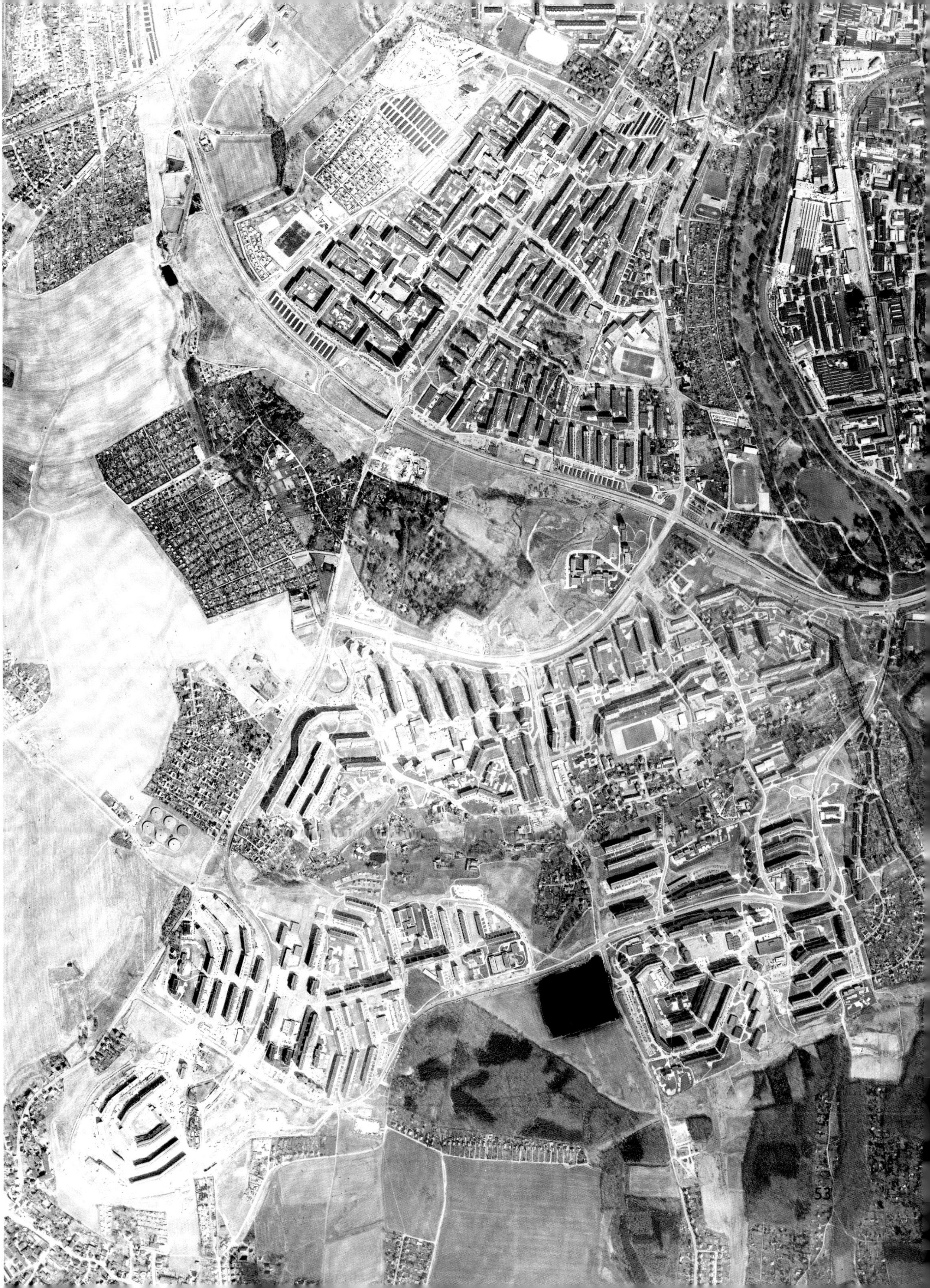

## Hutholz- Süd

## 1972

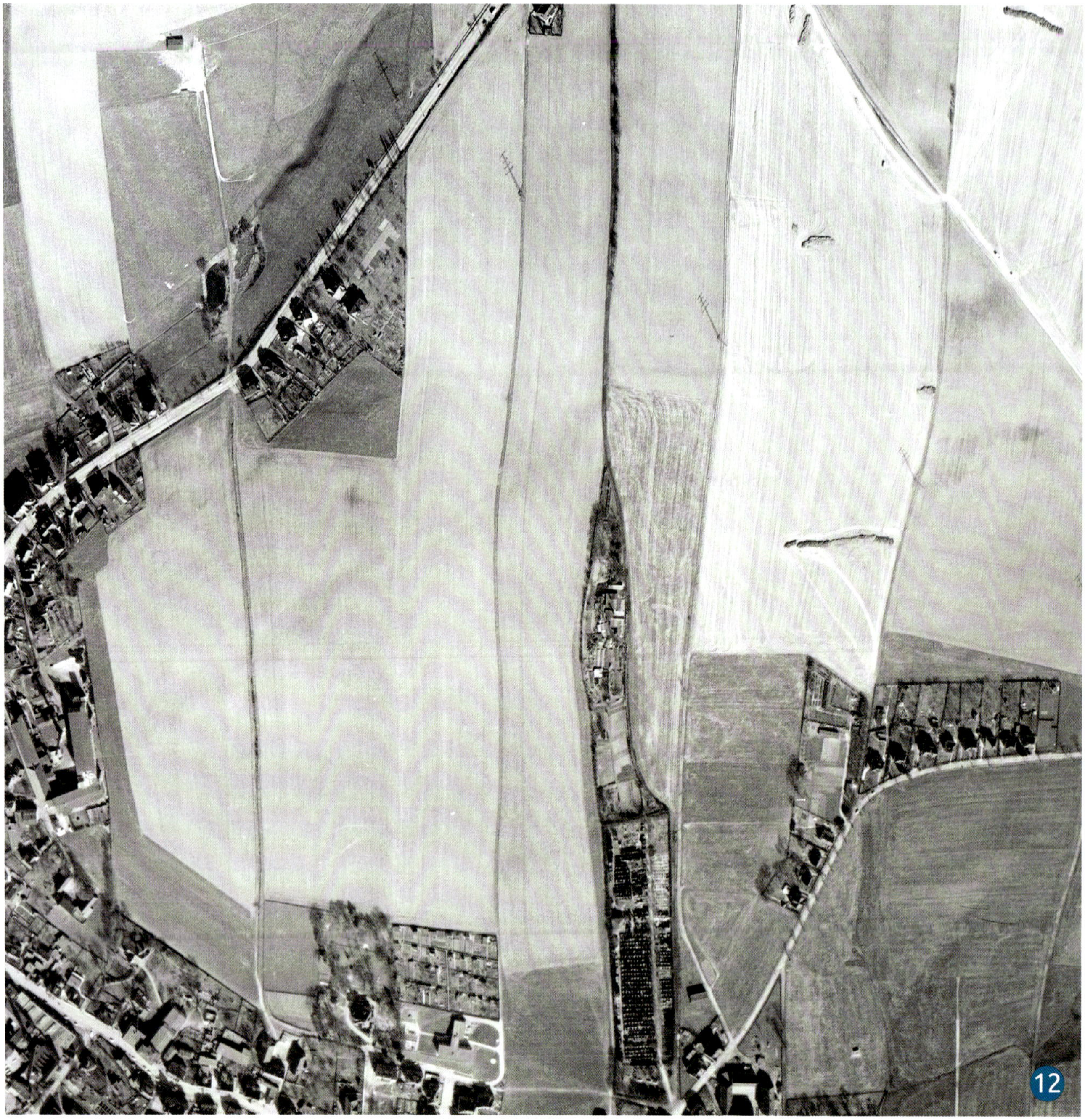


Das heutige Wohngebiet Hutholz-Süd, ehemals BG VIII/2, ist das zuletzt errichtete Wohngebiet. Dieses Gelände wurde 1981 von der Gemeinde Neukirchen abgetrennt und Karl-Marx-Stadt eingegliedert. Es wurden 1 556 Wohnungen für 4 620 Einwohner in fünf- und sechsgeschossigen Wohnhäusern des Typs IW 83 errichtet.

Hier liegen die Walter-Ranft-, Marie-Tilch- und Max-Opitz-Straße. An der Marie-Tilch-Straße war ein dritter Wohnhausring vorgesehen, so wie er an den beiden anderen Straßen errichtet wurde. Jedoch beendete die politische Wende 1989/90 alle Arbeiten vorzeitig. Die letzten im Fritz-Heckert-Gebiet errichteten Wohnungen sind jene

1983

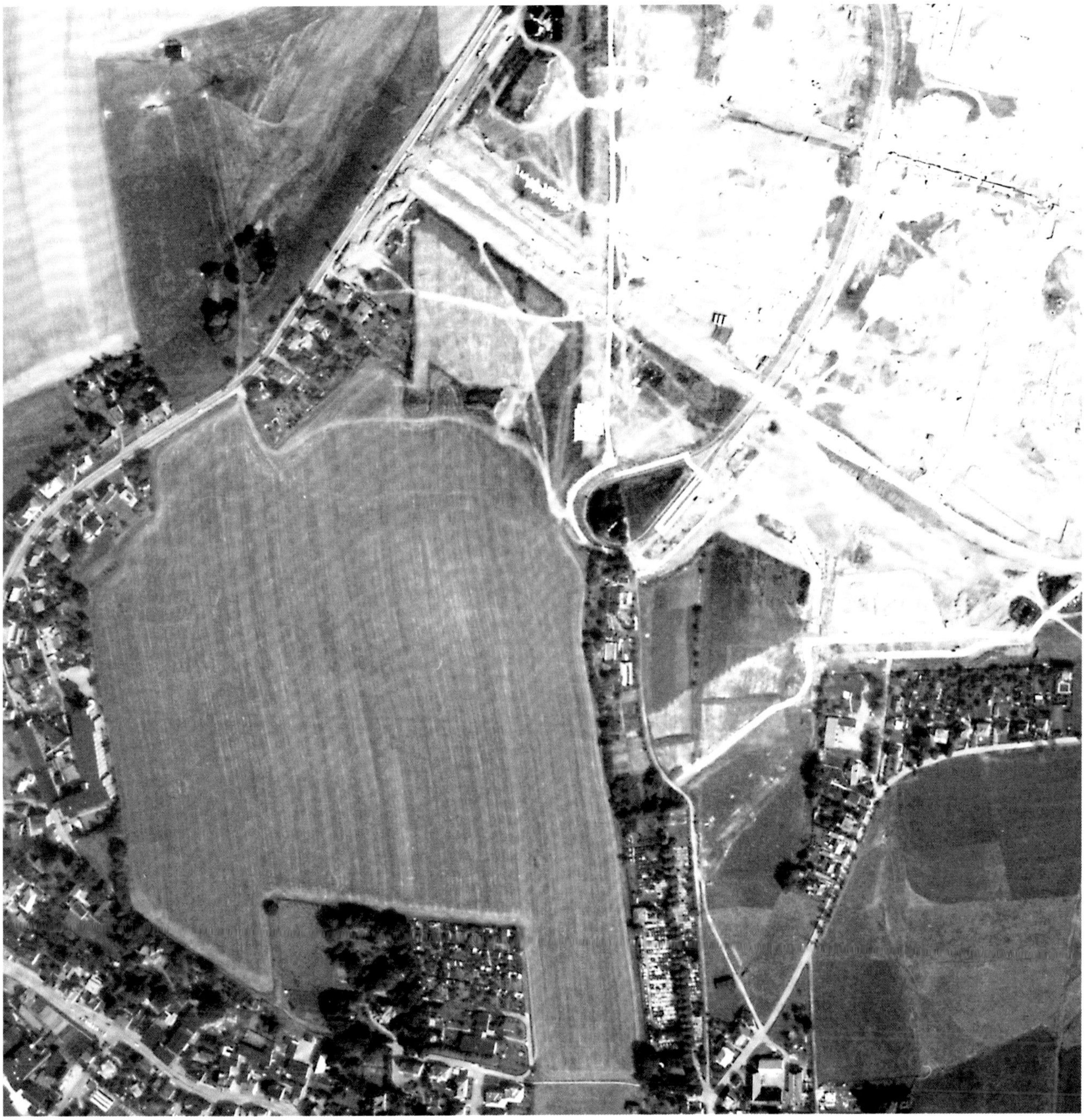

drei Blöcke an der Marie-Tilch-Straße 1–19, 21–41 und 43–71.

Der höchste Punkt der Kuppe sollte ursprünglich mit einer vielgeschossigen Bebauung von Punkthochhäusern gekrönt werden. Die Walter-Ranft-Straße wäre als »Krönung der Neukirchner Kuppe« beidseitig mit altersgerechten Blöcken vom Typ IW 83 mit elf Geschossen, aber auch mit elfgeschossigen Scheibenhäusern mit in Summe 838 Wohnungen bebaut worden. Zum Vergleich: nach Abriss, Rückbau auf drei Etagen und Quartiersaufwertung befinden sich heute etwa 150 Wohnungen in der Walter-Ranft-Straße.

# Hutholz- Süd

## 1988

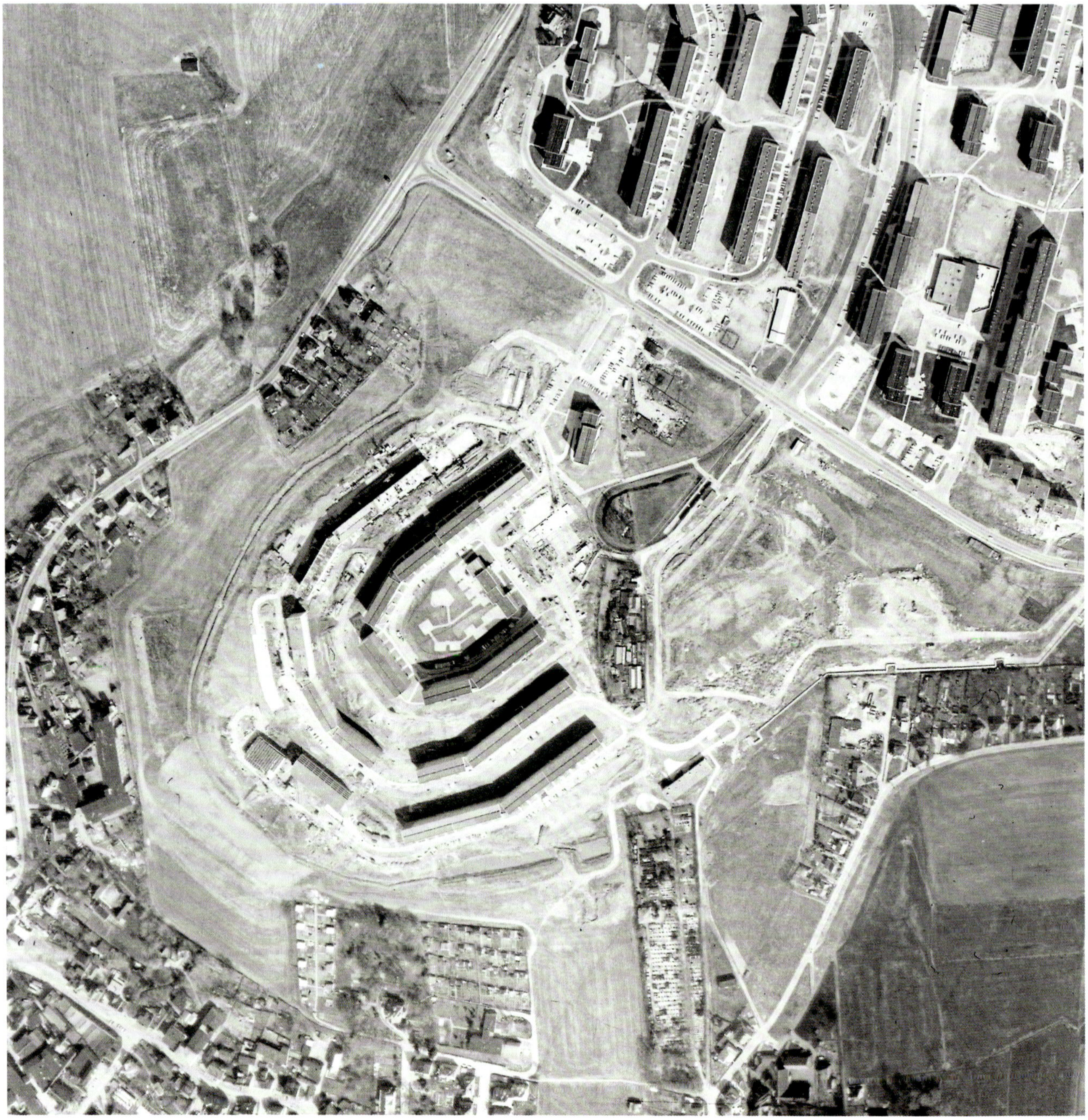

Im August 1983 wurde die ursprüngliche Bebauungskonzeption überarbeitet. Ursache der Planänderung war der Übergang vom äußeren zum innerstädtischen Wohnungsbau sowie die Abkehr vom vielgeschossigen Bauen. Daraus resultierte wiederum eine Weisung des Bezirksbaudirektors, die vorgesehene Planung für dieses Teilgebiet zu reduzieren. Dadurch wurden die elfgeschossigen Punkthochhäuser auf der Kuppe nicht mehr errichtet. Es erfolgte stattdessen eine Konzentration von fünfgeschossiger Bebauung auf der Südseite der Kuppe.

2019

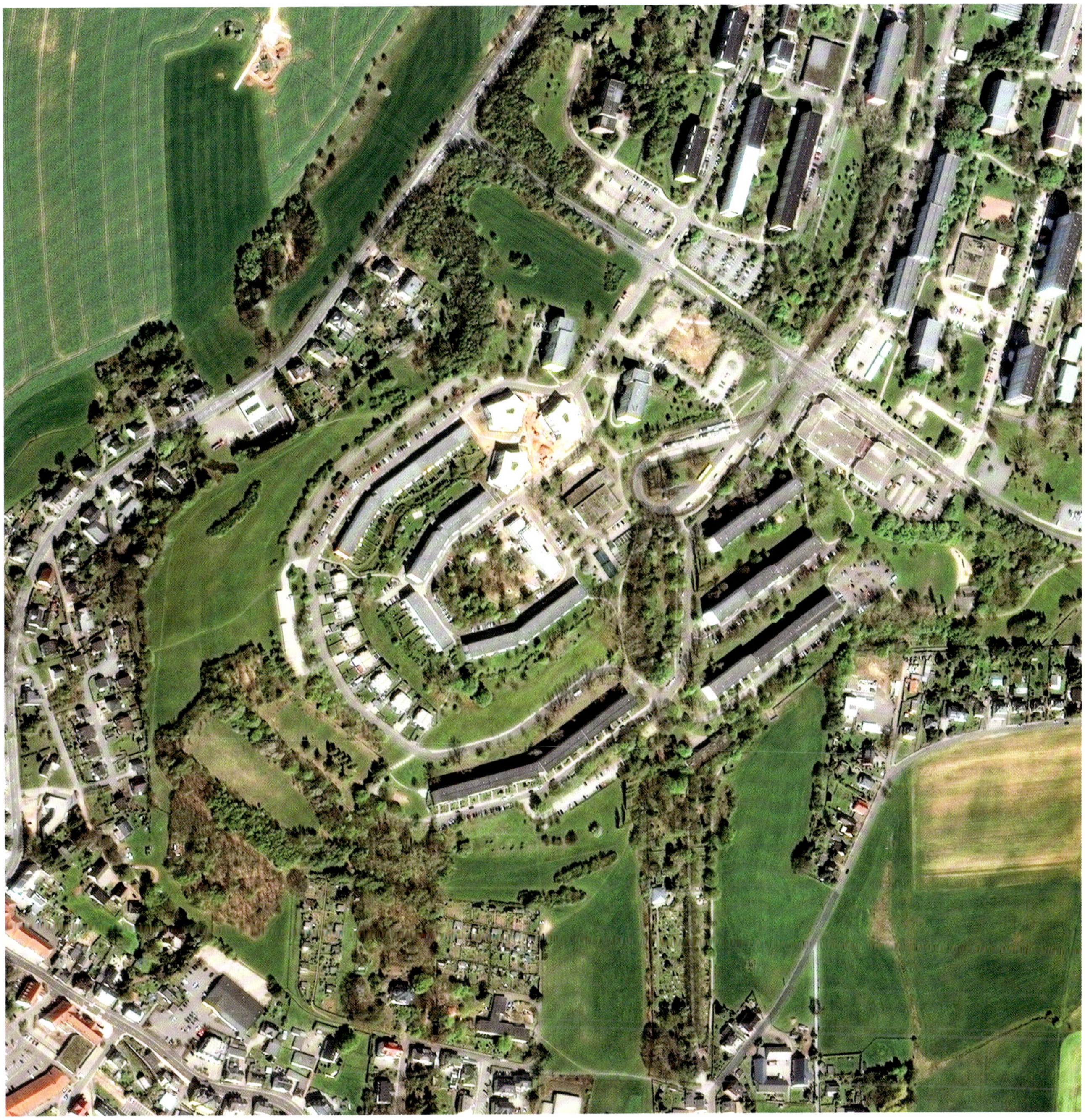

Wenn die Wirtschafts- und Bevölkerungsprognosen für Karl- Marx-Stadt weiterhin so positiv geblieben wären, wie zu Beginn der 1970er Jahre, wäre sogar ein weiteres Wohngebiet, das BG IX, errichtet worden. Es würde auf der Fläche zwischen Hornbach an der Stollberger Straße und der Dorflage Stelzendorf liegen. 5 000 Wohnungen für etwa 13 000 Einwohner waren geplant. Letztlich wandelten sich aber die Prognosen.

Hutholz-Süd bildet somit den südlichsten und jüngsten Teil des Wohngebietes. Aufgrund seiner Höhenlage bietet es die wohl beeindruckendsten Ausblicke ins Erzgebirge.

# 1992

Im Jahr 1992 trägt die Stadt seit zwei Jahren wieder ihren alten und ursprünglichen Namen — Chemnitz. Ebenso lang sind die Aufbauarbeiten für das Fritz-Heckert-Gebiet eingestellt. Zwar mangelt es noch an Grünbeständen zwischen den Wohnhäusern, dafür stehen ausreichend Pkw auf den Großparkflächen wie an der Ludwig-Kühn-Straße oder entlang der Dr.-Salvador-Allende-Straße. Zu dieser Zeit leben mit ca. 93 000 Einwohnern die meisten Bewohner im Wohngebiet. Die Funkstelle der NVA an der Wolgograder Allee / Chemnitzer Straße ist jetzt unverdeckt zu erkennen. Vom benachbarten Einkaufszentrum Kaufland und vom Vita Center ist noch nichts zu sehen. Noch dienen Versorgungszentren und Wochenmärkte der Versorgung der Einwohner.

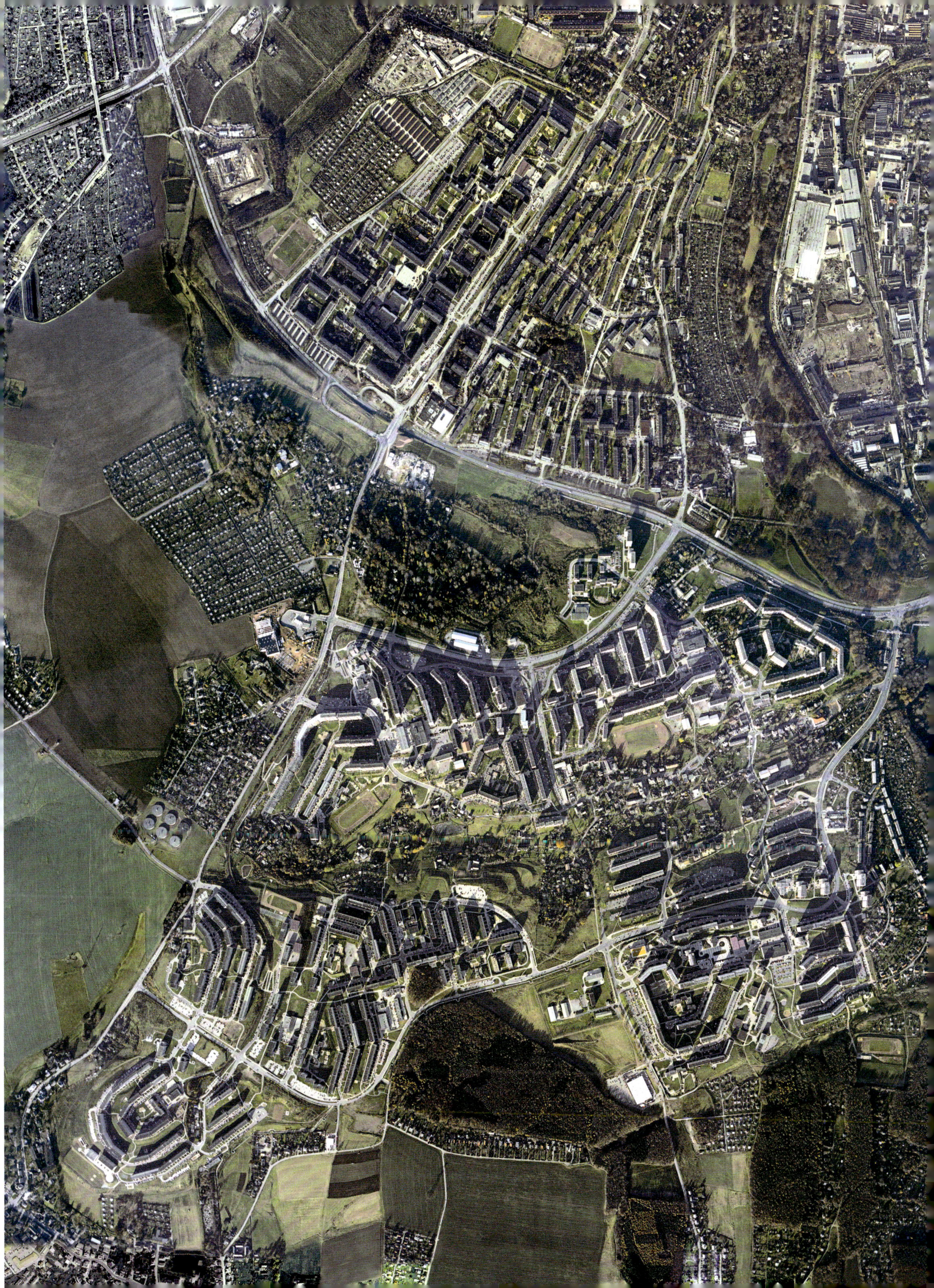

# Das Fritz-Heckert-Gebiet im Jahr 1991

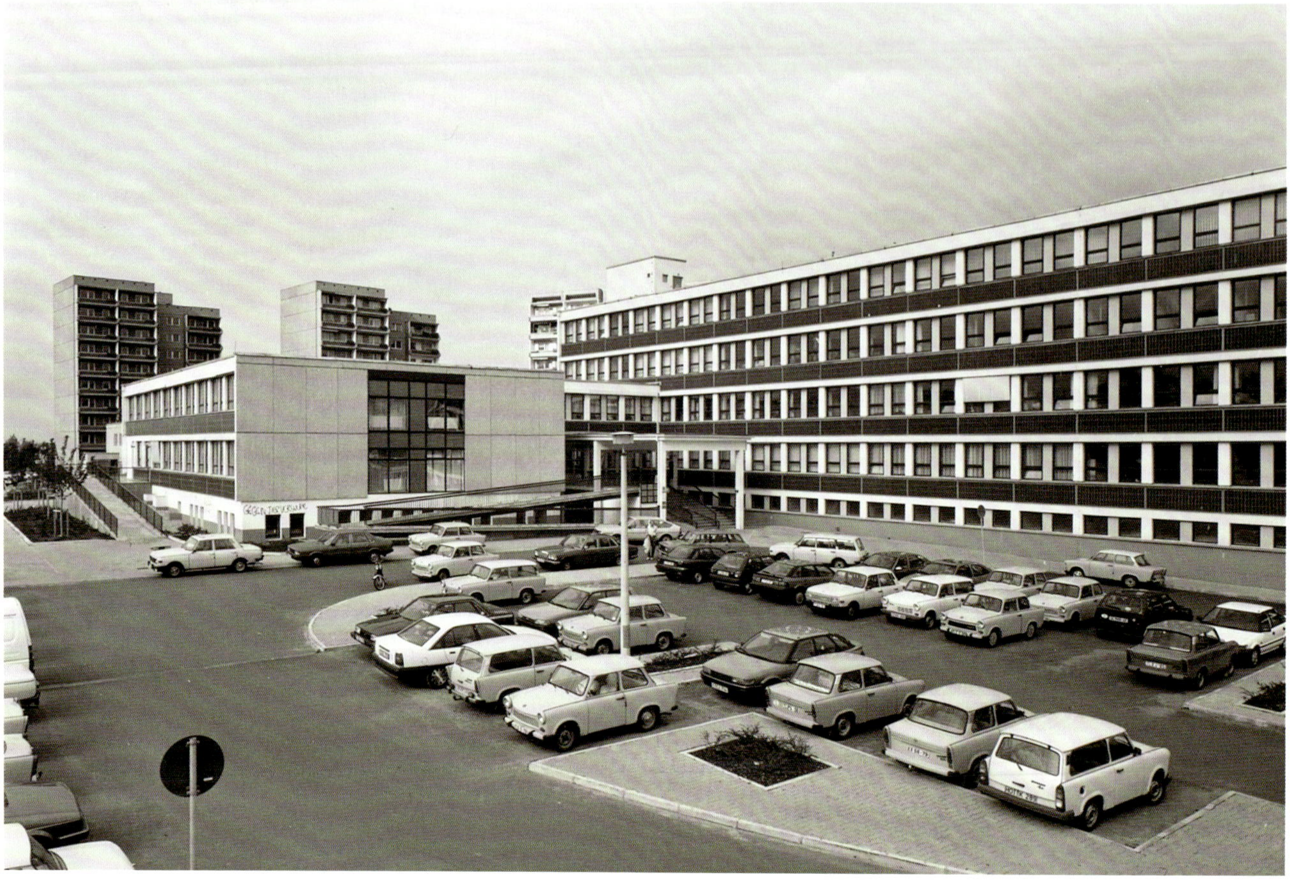

Morgenleite (ehemals Baugebiet V) mit dem Ärztehaus an der Markersdorfer Straße 124

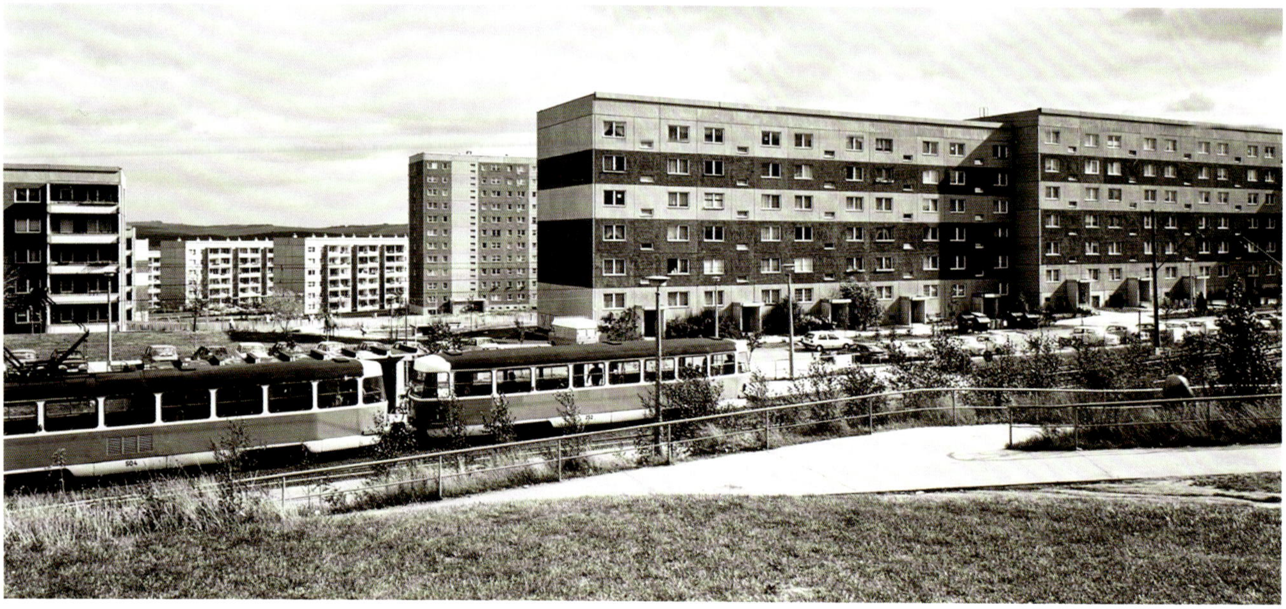

Straßenbahnhaltestelle Ernst-Wabra-Straße im Stadtteil Hutholz

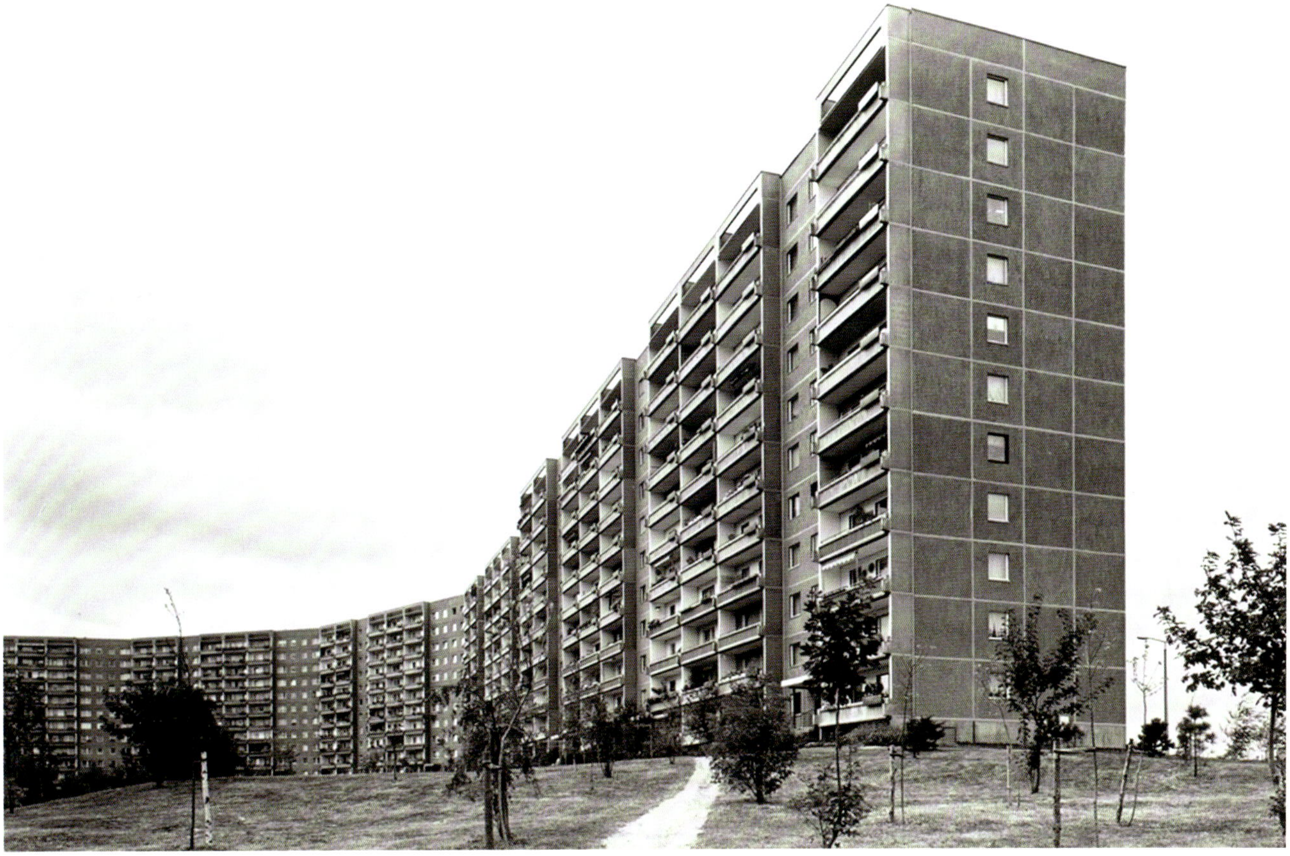

»Die Stadtmauer« Markersdorfer Straße 143–151 und Johann-Richter-Straße 1–27

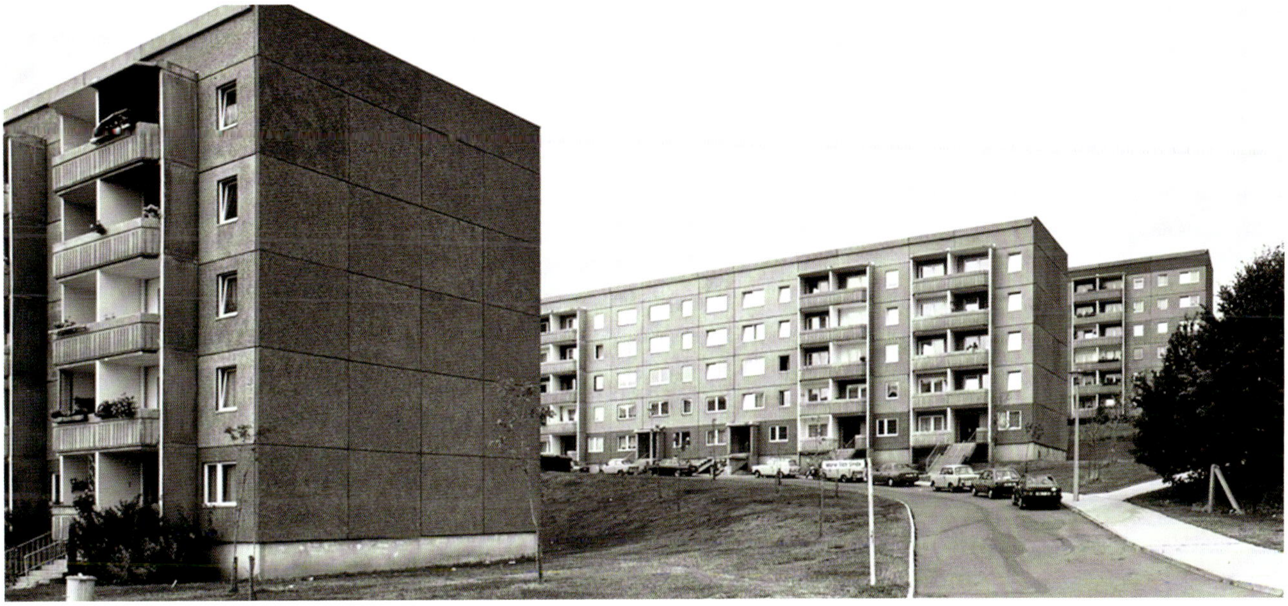

Hutholz-Süd: links Marie-Tilch-Straße 2, Mitte Max-Opitz-Straße 95–101, hinten Walter-Ranft-Straße 64

## 1996

Dieses Jahr wurde das Luftbild am 21. April aufgenommen. In jener Zeit befindet sich das Wohngebiet in den »Zwischenjahren« – zwischen Beendigung der Errichtungs- und den bald beginnenden Rückbauarbeiten. Bis etwa 1994 konnten die Wohnungsgenossenschaften einen konstant niedrigen und vertretbaren Leerstand verzeichnen. Doch ab Mitte der 1990er Jahre begann dieser stetig zu steigen. Die monoton erscheinenden Häuserfronten waren einer der Gründe, die Einwohner zum Umzug in andere Teile der Stadt bewogen. Die »Penny-Baracken« an der Wladimir-Sagorski-Straße sind dem bald beginnenden Bau des »Vita Centers« gewichen. In wenigen Monaten wird der Grundstein für das Einkaufszentrum gelegt.

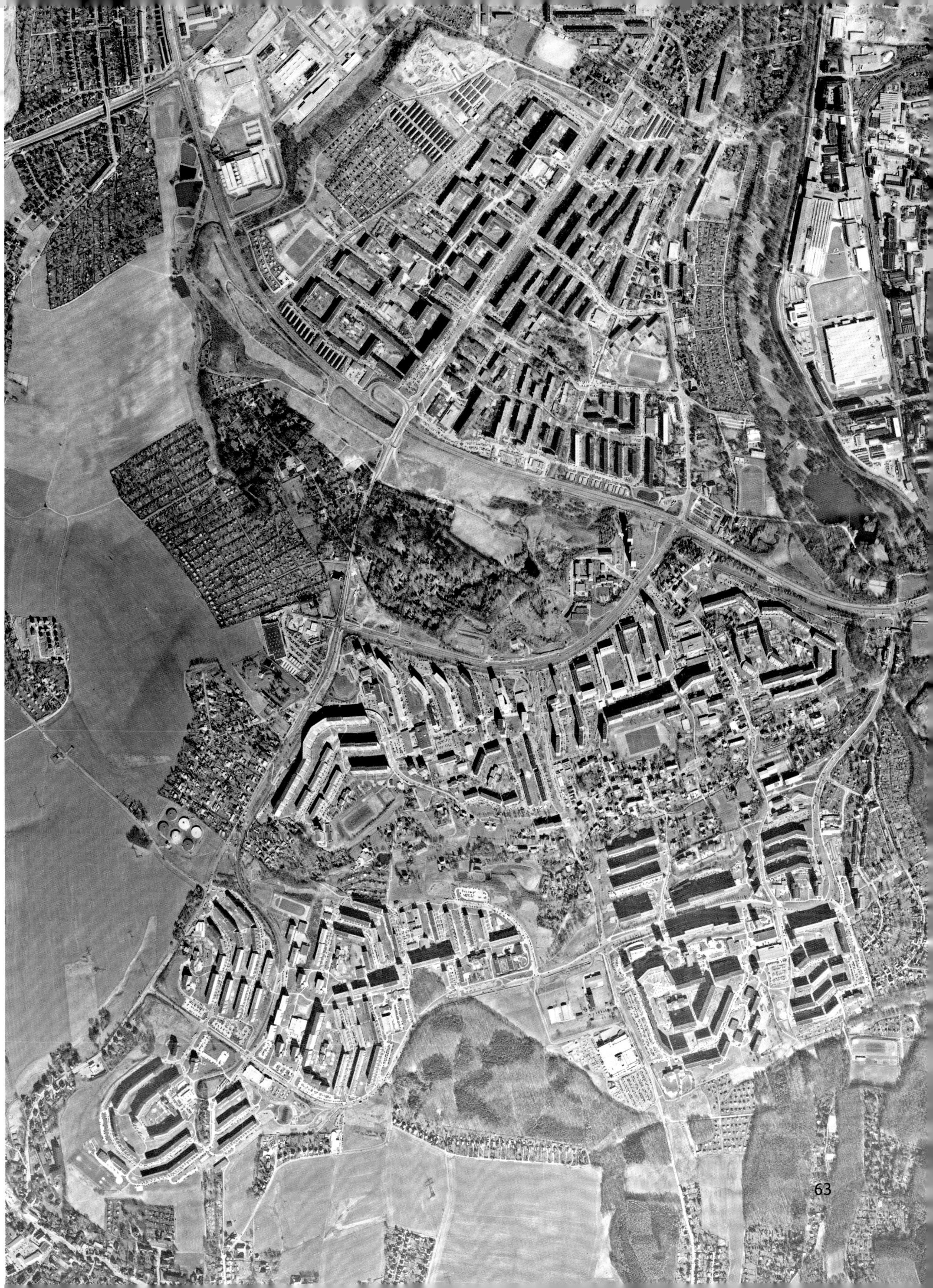

# Der Südring – 1957 • 1978 • 1983

Die Geschichte des Südrings ist eine der ältesten im Chemnitzer Süden. Schon im Bebauungsplan *Chemnitz-Helbersdorfer Hang Nr. 20a* aus dem Jahr 1919 ist eine Straße mit der Bezeichnung *Gürtel-Straße* vermerkt. Ab 1927 sehen Entwicklungspläne der Stadtplanung einen geschlossenen Ring um Chemnitz vor. Mit dieser Straße sollen zuvorderst die großen Industriegebiete im Süden und Osten mit jenen im Westen der Stadt verbunden sowie den Industriearbeitern kurze Arbeitswege ermöglicht werden.

Der erste Bauabschnitt lag im oberen Bereich des Helbersdorfer Hangs im heutigen Kreuzungsbereich Stollberger Straße / Ecke Scheffelstraße, führte weiter den Hang hinab in Richtung Stadtpark und über den Fluss *Chemnitz*. Bemerkenswert war die Absicht, die Helbersdorfer und Markersdorfer Straße im Bereich des Stadtparkteiches verkehrsberuhigt zu gestalten und infolgedessen eine neue Trasse südlich des Stadtparkes zu planen. Ausgehend von der Stollberger Straße verlief der zweite Abschnitt in westliche Richtung über freies Feld zur Neefestraße. Der vorgesehene Trassenverlauf von 1919 wurde bei allen weiteren Bebauungsplanungen über Jahrzehnte hinweg berücksichtigt.

Die Folgen des Ersten Weltkrieges verhinderten jedoch eine Realisierung zur damaligen Zeit. Nach intensiven Diskussionen, an welchen zu kreuzenden Straßen Brücken oder Kreisverkehr entstehen sollten, konkretisierten sich die Planungen ab 1934. Ende 1937 wurde der Auftrag zum Bau der Brücke über den Fluss an eine Chemnitzer Firma vergeben. Die ersten Arbeiten begannen im Jahr 1938 mit der Verlegung einer Schleuse zwischen der Markersdorfer und der Schulstraße. Wieder verhinderten ein Krieg und seine Folgen die Realisierung. Doch das Projekt blieb stets im Fokus der Planungsämter.

Angeregt durch positive Wachstumsprognosen für die Industrie- und Bezirksstadt Karl-Marx-Stadt sowie durch die beschlossene Errichtung eines neuen Wohngebietes im Süden der Stadt, wuchs ab Anfang der 1970er Jahre erneut die Notwendigkeit einer Verbindungsstraße. In vier Bauabschnitten wurde der Außenring, später nennt man ihn Südring, nun tatsächlich von der Neefestraße bis zur Annaberger Straße geführt. Das komplizierteste Bauwerk stellte dabei die Straßenbahnauffahrt über den Fluss *Chemnitz* und über die Eisenbahngleise mit anschließendem Damm dar.

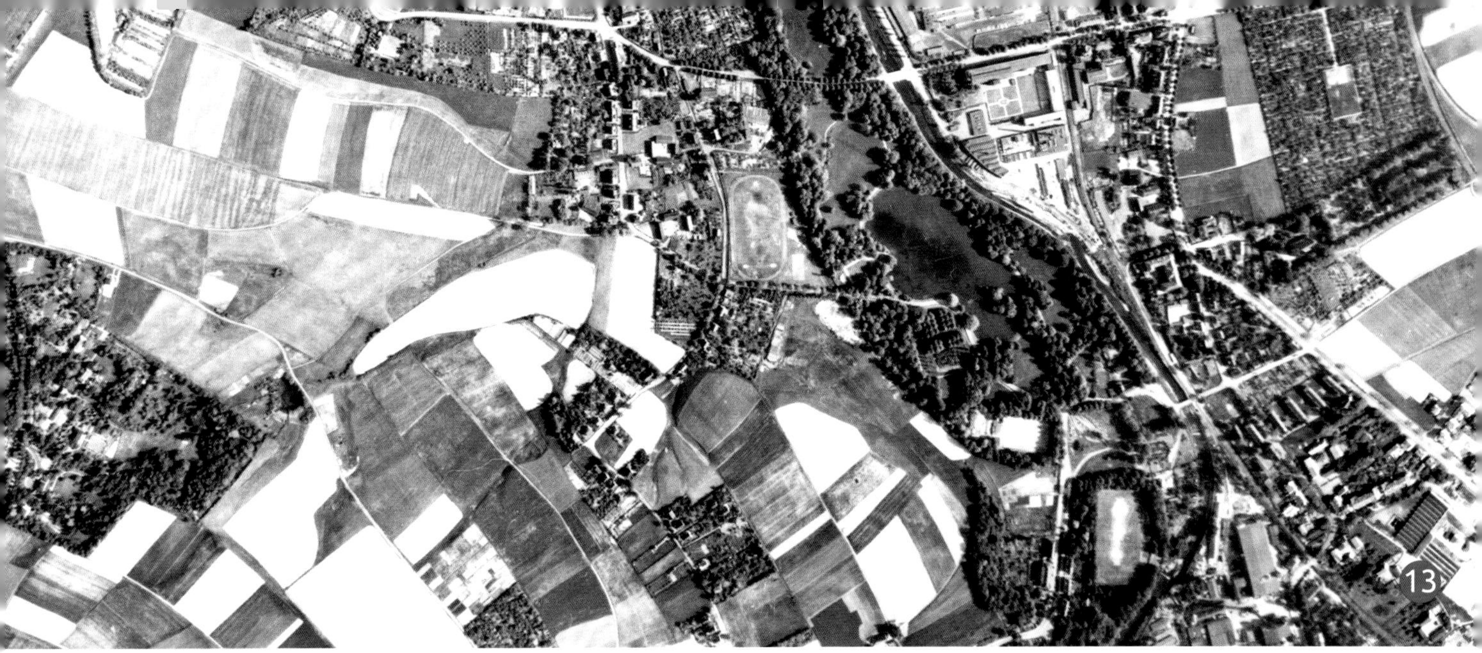
13

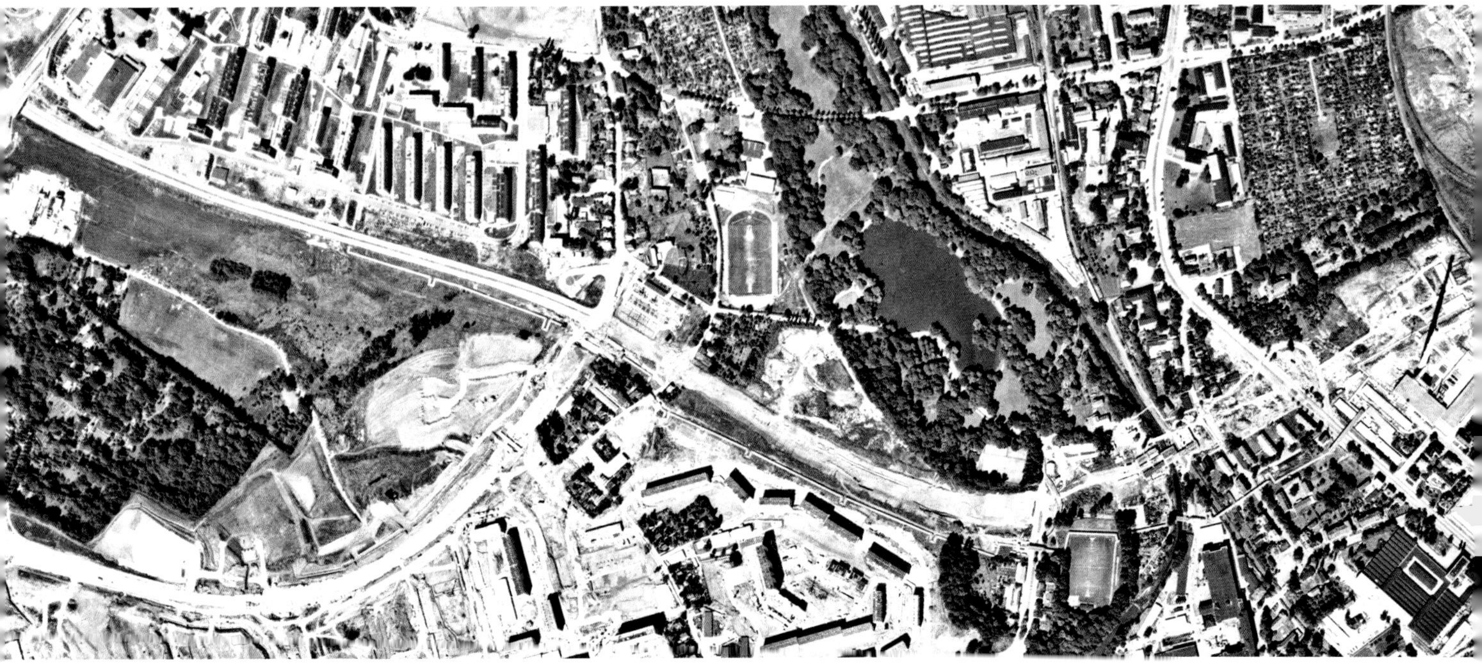

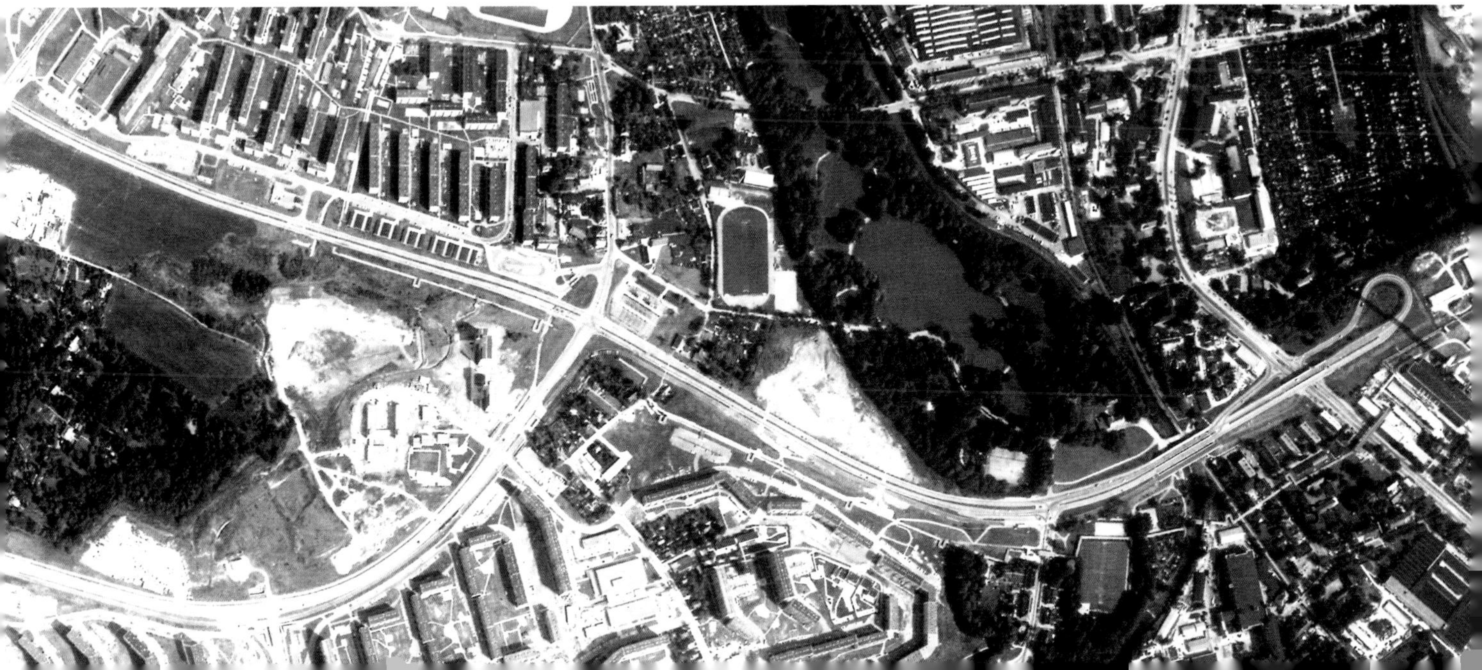

## Der Südring – 1957 • 1978 • 1983

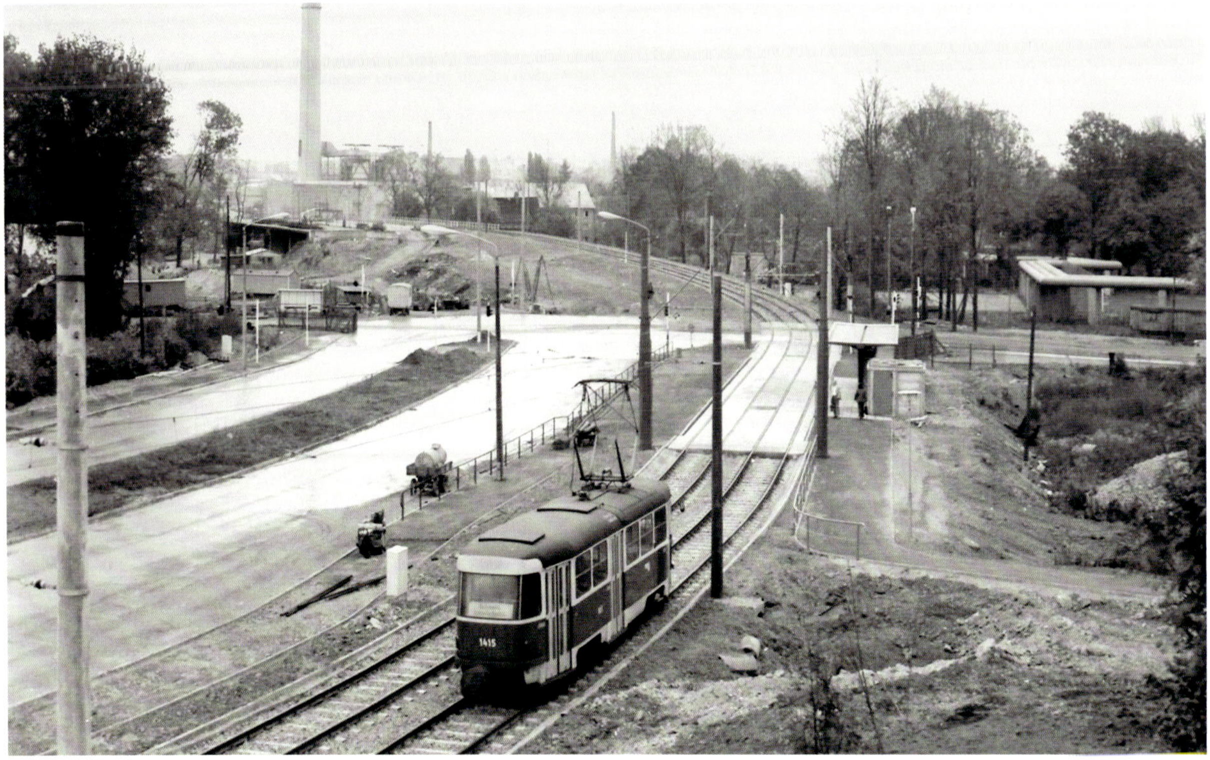

Bau der Südringbrücke (oben) und zwischen Robert-Siewert-Straße und Südring (unten)

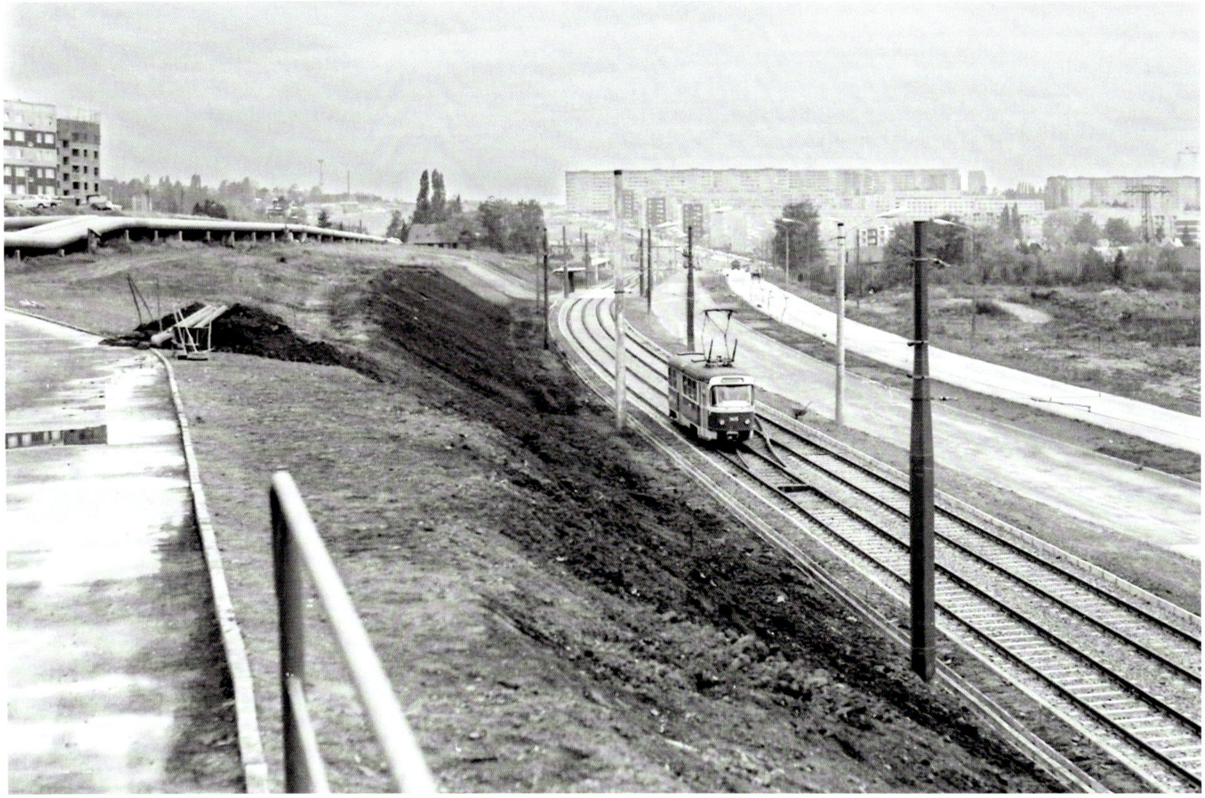

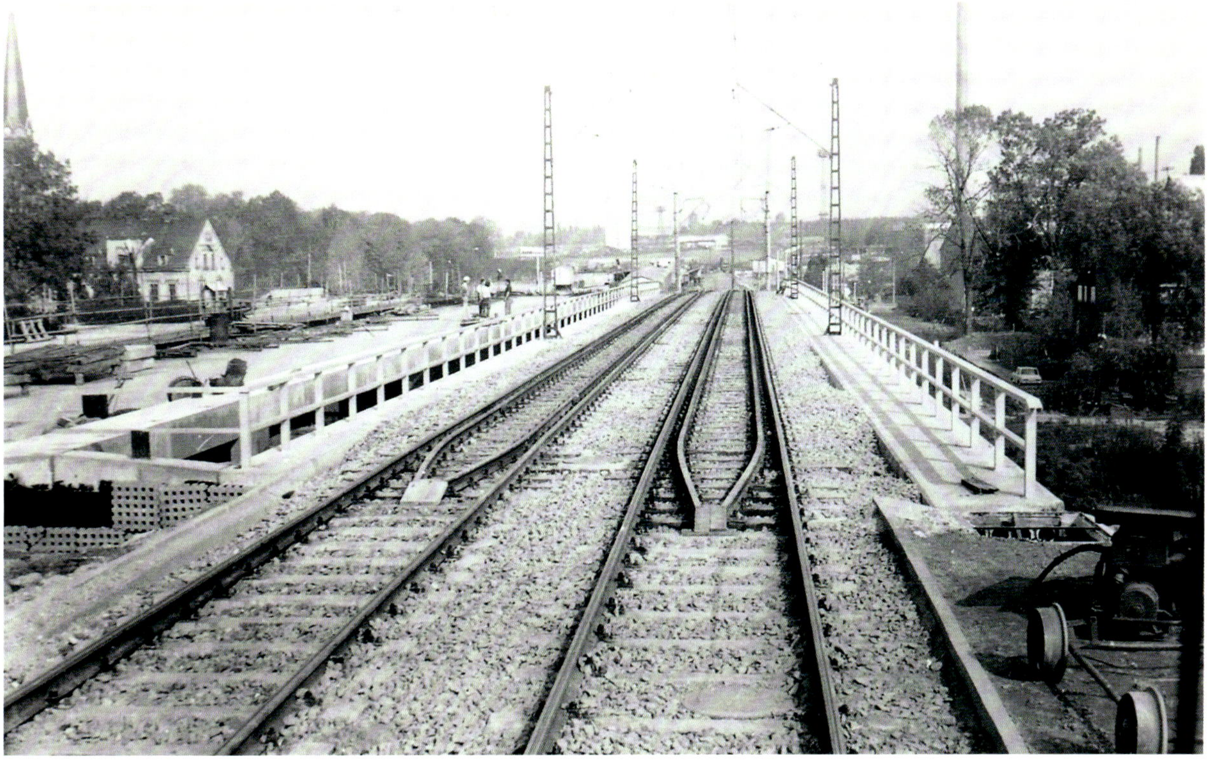

Gleise der Linie 5 auf der Südringbrücke (oben) und zwischen Paul-Bertz-Straße und Südring (unten)

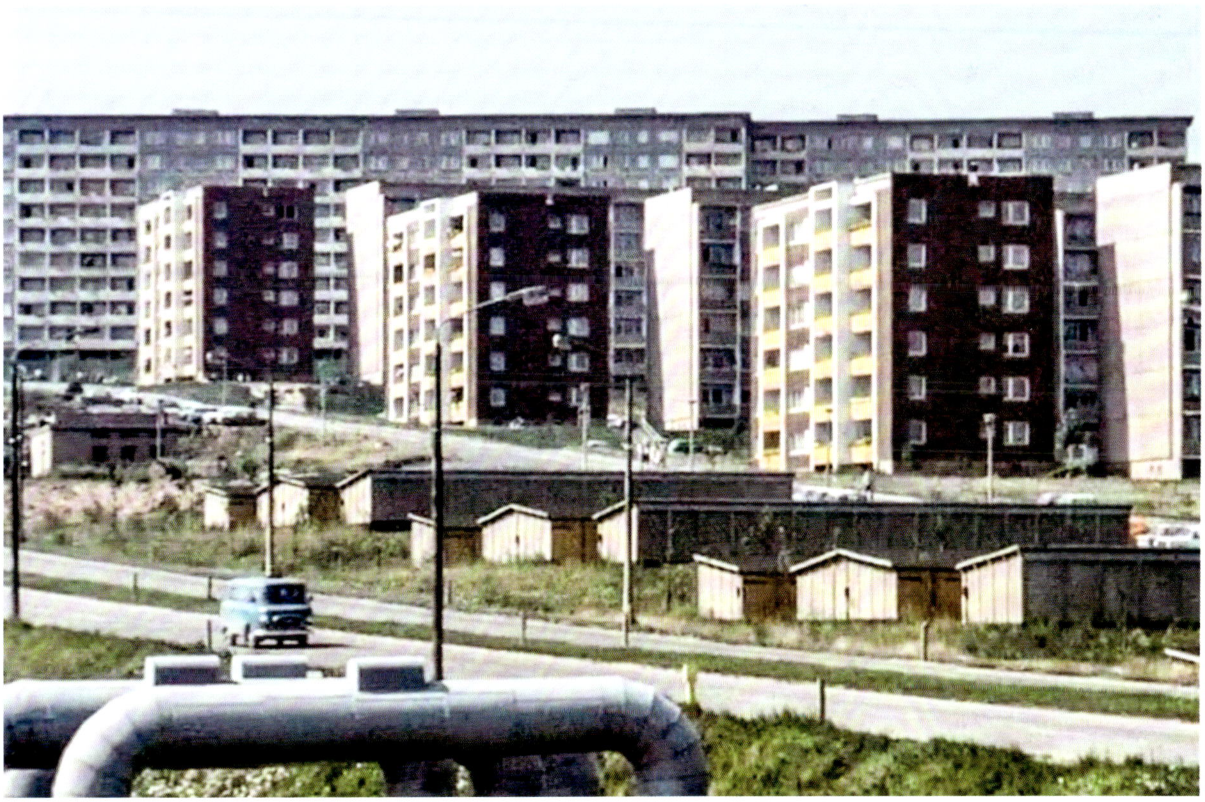

## 2000

Vergleicht man diese Aufnahme vom 3. April mit jener vom Beginn der 1990er Jahre, fällt auf, dass die großen Parkplatzanlagen, vor allem im Hutholz, nicht mehr so viele Pkw beherbergen wie früher. Besonders in Markersdorf-Süd und in Hutholz müssen die Großvermieter in dieser Zeit einen Leerstand von 30 bis über 40 Prozent verbuchen. Schon zwei Jahre später wird mit großflächigem Abriss entlang ganzer Straßenzüge begonnen werden. Kurz vor seinem Umbau steht der Wohnblock an der Max-Türpe-Straße 44 – 52. Dafür haben sich die Grünbestände prächtig entwickelt. In den nächsten zehn Jahren trägt das üppige Grün der Bäume und Sträucher zu einer deutlichen Steigerung der Wohnqualität im Wohngebiet bei.

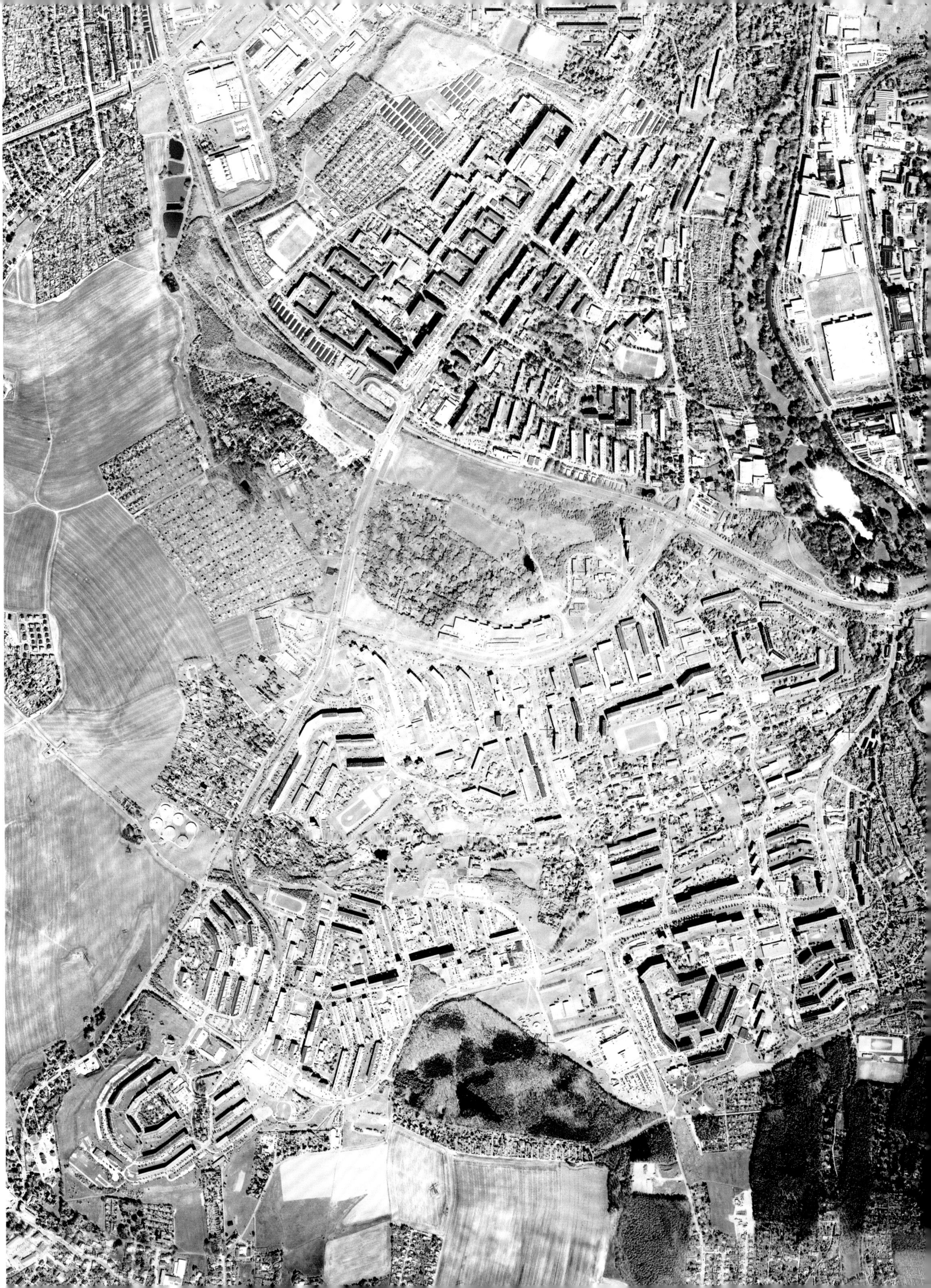

# Die Morgenleite

## 1957

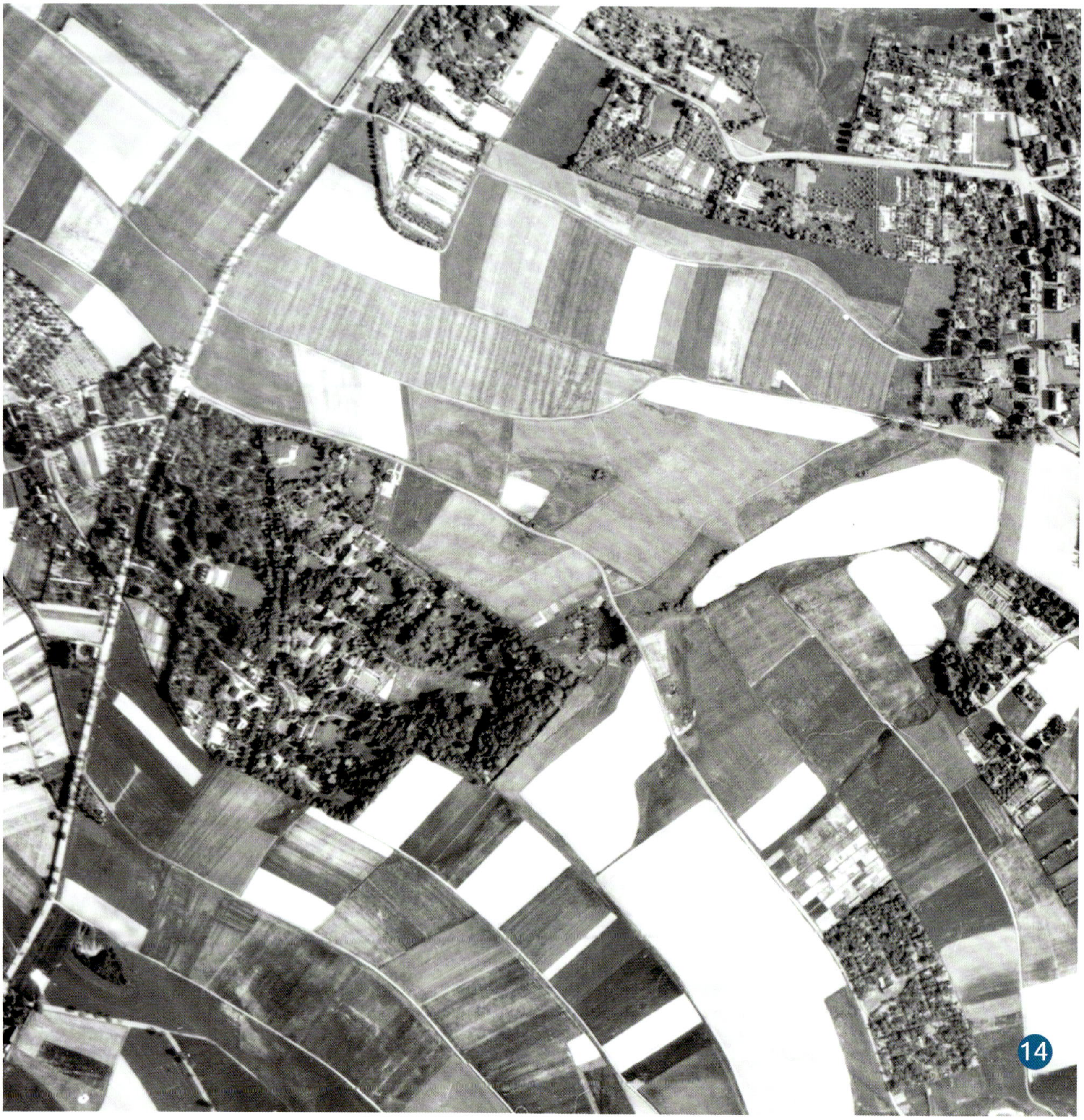

Die Morgenleite bezeichnet heute zwei Stadtteile mit ganz gegensätzlichem Erscheinungsbild. Viele Einwohner verbinden den Namen zu Recht mit dem Waldgebiet zwischen Südring und Wladimir-Sagorski-Straße. Doch auch das benachbarte ehemalige Baugebiet V mit seiner WBS 70-Bebauung trägt diesen Namen. Die ursprüngliche Morgenleite konnte ihren naturnahen Charakter bewahren. Es ist jener Wohngebietsteil, der später als Baugebiet VI bezeichnet wurde.

1978

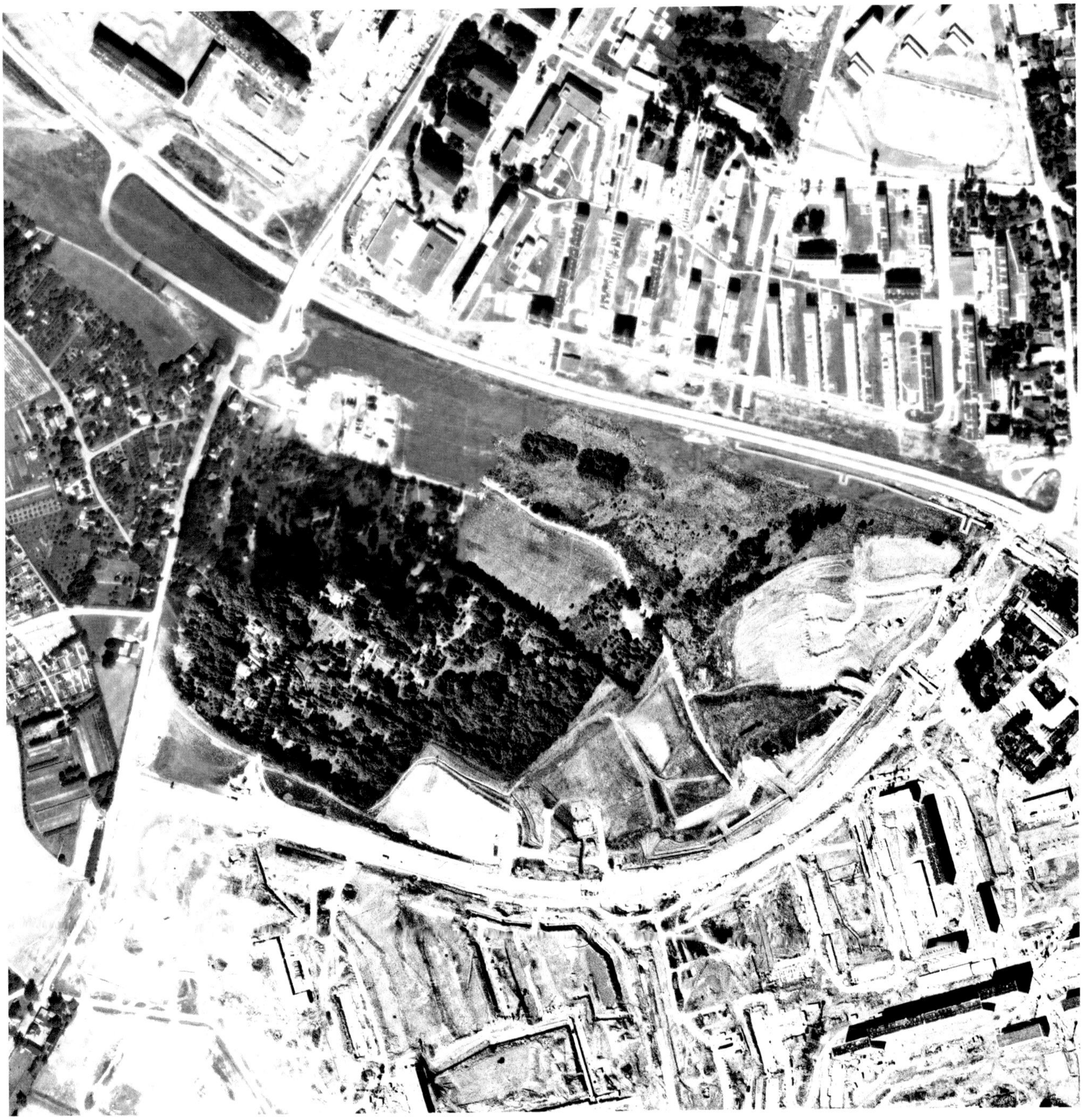

Der Name Morgenleite soll Auskunft geben über die örtlichen topografischen Verhältnisse. Leite stammt vom althochdeutschen Wort »Hilta« und bezeichnet einen Bergabhang oder eine Halde. Da dieser Berghang nach Osten abfällt und die aufsteigende Morgensonne begrüßt werden kann, entstand der Name Morgenleite.

In den 1920er Jahren errichteten hier wohlhabende Chemnitzer Industrielle prächtige Anwesen. Die Lage südlich der Fabriken garantierte saubere Luft. Ein großes Gebiet östlich der damaligen Privatstraße Morgenleite gehörte dem angesehenen Chemnitzer Kaufmann Konrad Stickel.

## Die Morgenleite

## 1996

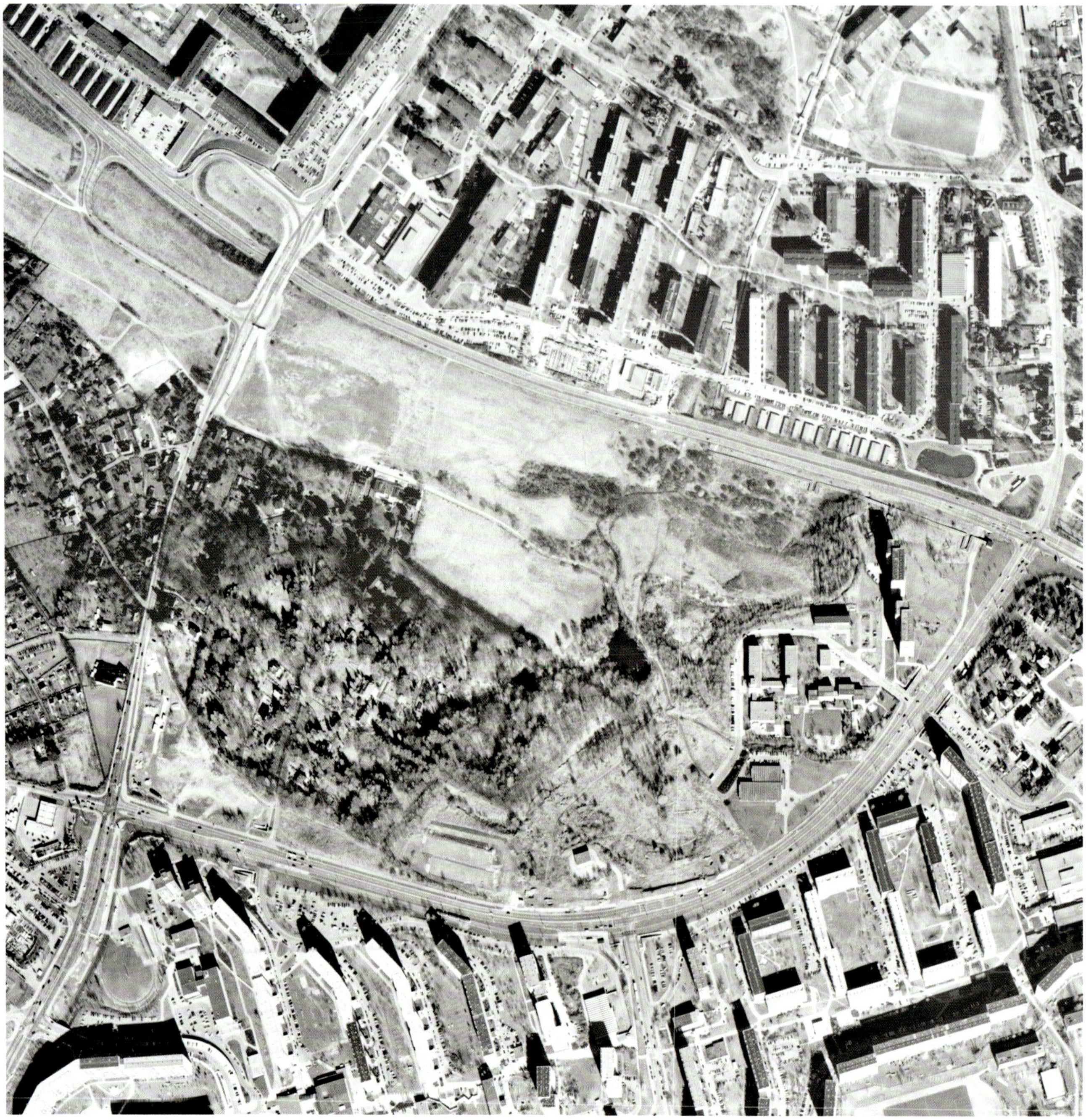

Im Zuge der Errichtung des Fritz-Heckert-Gebietes sollte die Morgenleite das kulturelle und gesellschaftliche Zentrum des Wohngebietes werden. Mit ihm ließen sich die weit auseinander liegenden Baugebiete miteinander verbinden. Ab 1980 waren Einrichtungen wie Konsument-Warenhaus, Freilichtbühne, Gastronomie, Sportstätten und Bibliothek mit Parkanlagen, Wasserflächen und Freizeiteinrichtungen vorgesehen. Außerdem plante man auch Wohnhäuser.

Jedoch ist dieses Areal geprägt von kleinen Wasserläufen und Quellgebieten. Eine Bebauung auf solch einem Grund wäre mit hohen Kosten und

## 2009

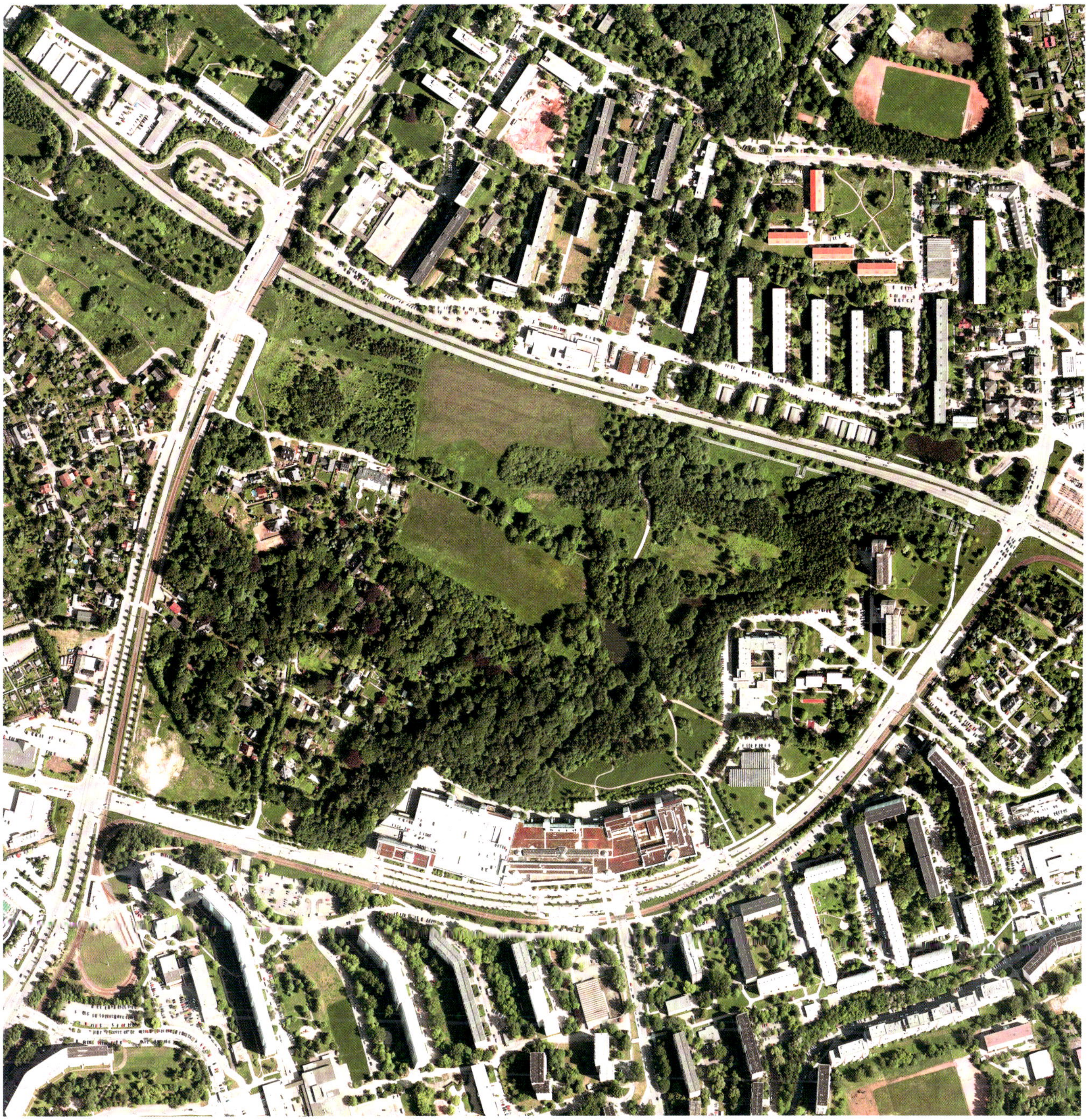

Materialaufwand verbunden gewesen, weshalb diese Pläne zunächst verschoben und später ganz aufgegeben wurden.

In den 1990er Jahren kamen wieder große Pläne für die Morgenleite auf. Das »City Center« sollte eine Fläche von 100 000 Quadratmetern umfassen, davon 60 000 Quadratmeter Einzelhandelsfläche – Konflikte mit der Stadt folgten. Ab 1997 war der Weg frei, und der Bau des Vita Center konnte beginnen. Mit der feierlichen Eröffnung im Jahr 1999 bekam das Fritz-Heckert-Gebiet nach fast zwanzig Jahren Planung endlich sein kulturelles und gesellschaftliches Zentrum.

# 2009

In diesem Jahr endet offiziell das Stadtumbauprogramm Ost, bereits geplante Maßnahmen werden noch bis 2012 fortgeführt. Das Luftbild vom 13. Juni zeigt nun deutlich sichtbare Lücken in den einstmals dichten Wohnquartieren. Durch umfangreiche punktuelle und flächenhafte Abrisse wurden in den vergangenen sieben Jahren über zehntausend Wohnungen vom Markt genommen, also abgerissen. Doch alle lokalen Akteure sowie die Großvermieter wissen: Mit dem Wohnungsabriss sind ganz häufig nur die Folgen des Leerstandes entfernt worden – nicht unbedingt die Ursachen für diesen behoben. Es ist wichtig, in den kommenden Jahren die Kommunikation zu den Mietern zu stärken und die Quartiersarbeit zu fördern.

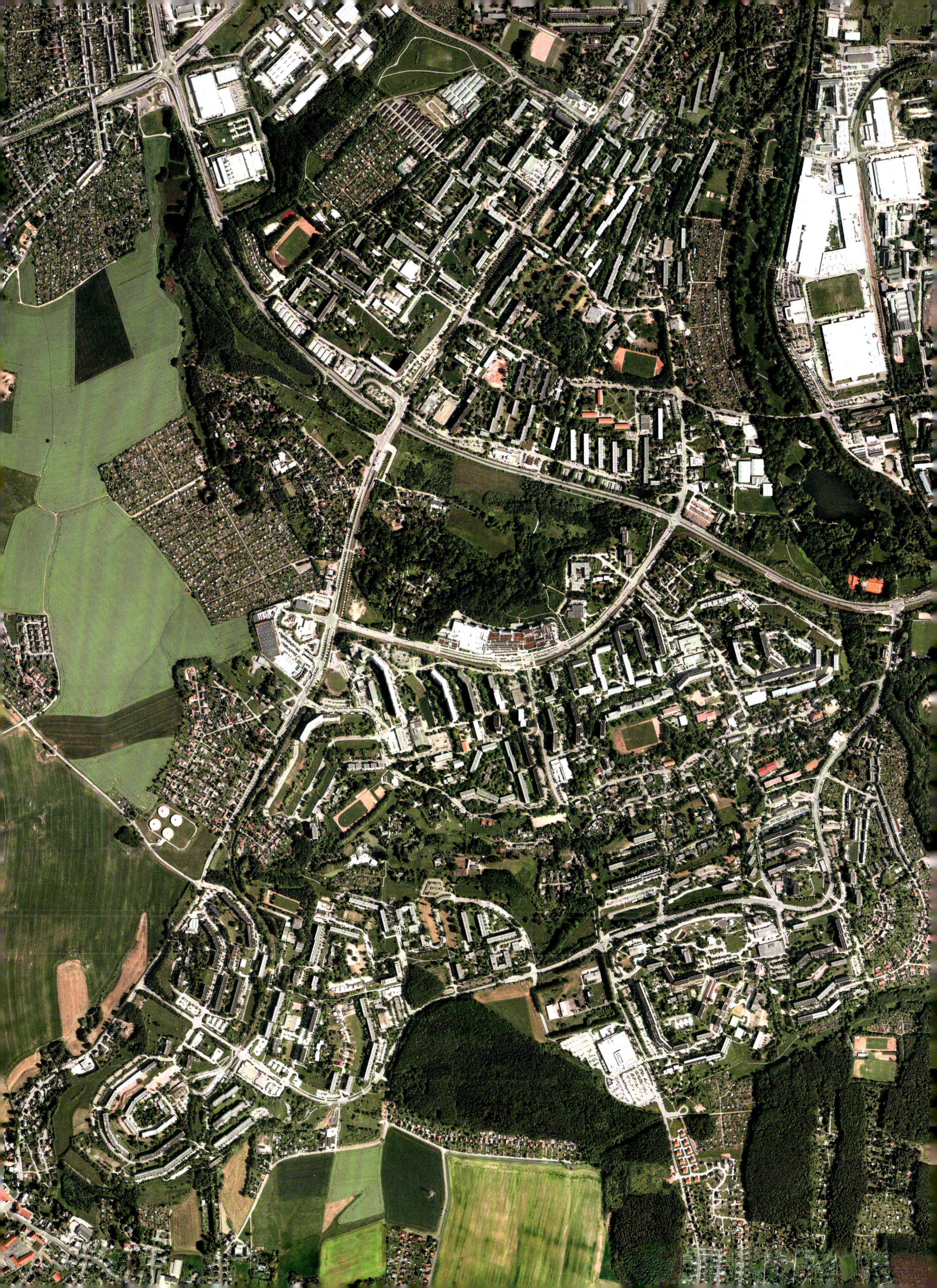

## Die städtebauliche Entwicklung entlang der Stollberger Straße

### 1953

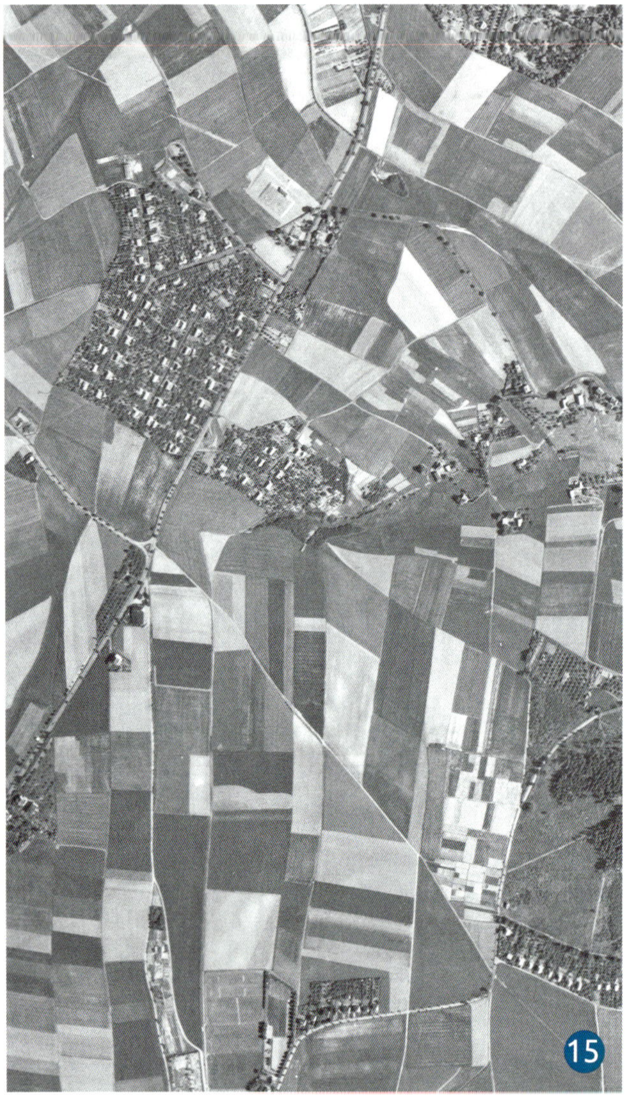

In den Stadtentwicklungsplänen der 1950er und 1960er Jahre ist sichtbar, dass die Stadt perspektivisch entlang der Stollberger Straße nach Süden wachsen sollte. Mit dem Bau des Fritz-Heckert-Gebietes ab den 1970er Jahren werden diese Pläne realisiert. Am 7. Juni 1953 herrschte noch ein ländlicher, ja idyllischer Charakter entlang dieser Fernstraße nach Stollberg. Von der Südrandsiedlung war ein weiter Blick Richtung Osten und Süden ins Erzgebirge möglich. Doch schon bald rollt schweres Baugerät an.

### 1978

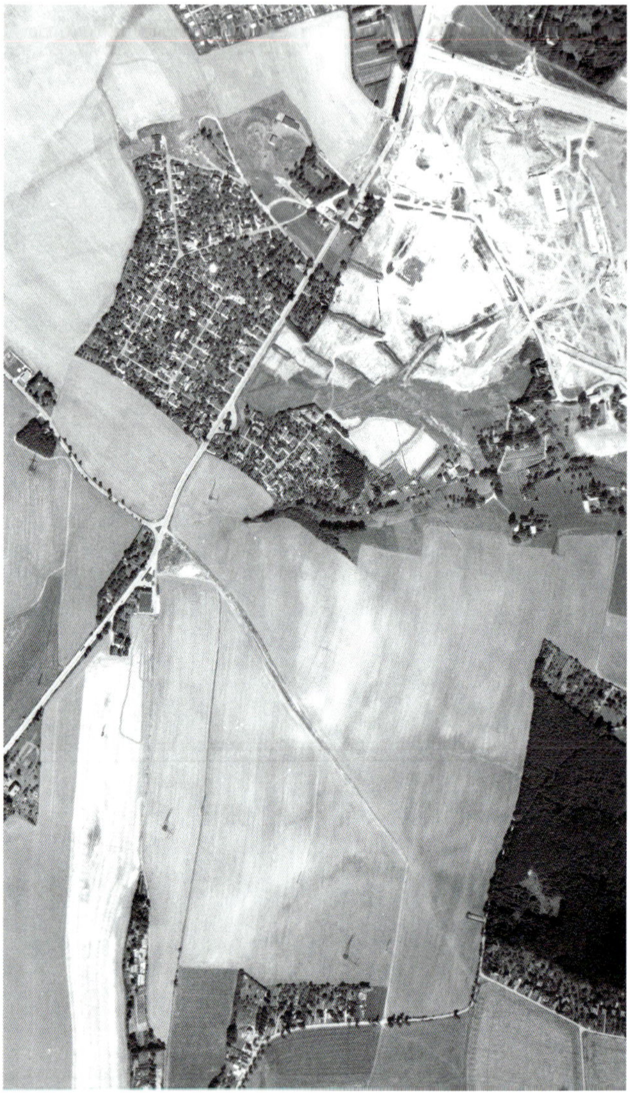

Am 20. August 1978 sind die Erschließungsarbeiten in vollem Gange. Erst wird die mehr als 500 Meter lange Stadtmauer mit 17 Eingängen errichtet, dann folgt die Straßenbahnlinie 5. Und alles parallel zur Stollberger Straße. Allerdings büßten die Siedlungshäuser »Ellenbogen« und »Südblick« durch die Bahntrasse ihren direkten Anschluss an die Stollberger Straße ein. Nach der Fertigstellung des Baugebietes V zog die Baumannschaft zunächst ins BG VII, nach Markersdorf-Süd, weiter. Ein paar Jahre später ging es dann um die Errichtung des BG VIII.

## 1983

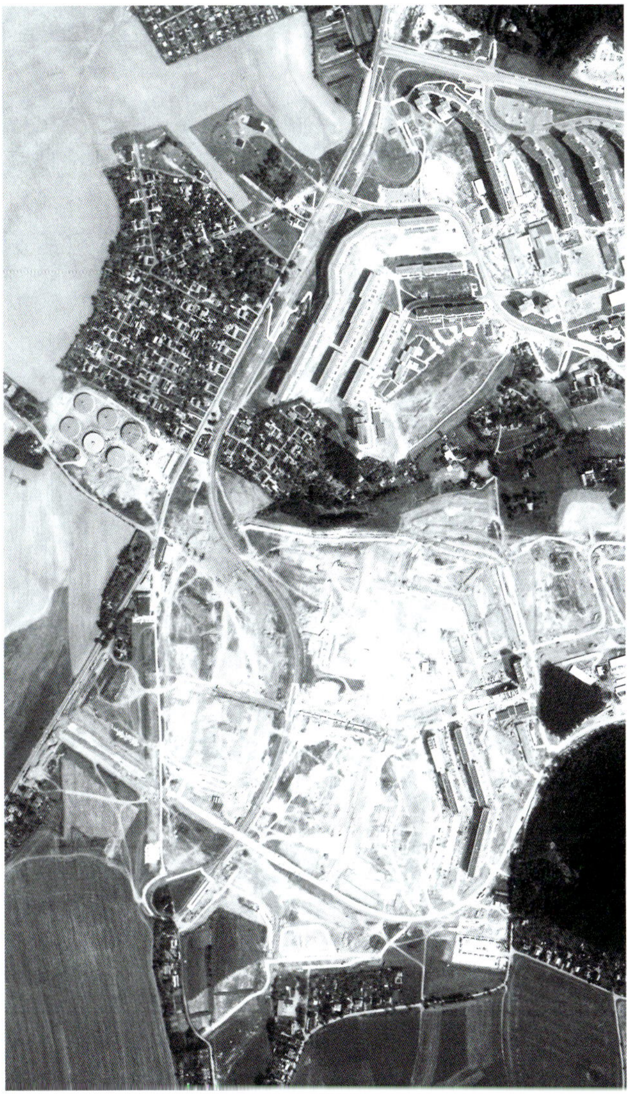

Von nun an soll hier das letzte und hinterste Baugebiet errichtet werden. Das Baugebiet VIII, Hutholz, ist so groß, dass ein Teil sogar eine eigene Nummer bekommt, das BG VIII/2 – Hutholz-Süd. Im Jahr 1983 stehen schon die ersten Wohnhäuser an der Wolgograder Allee. Die Baugebiete V und VIII, sowie das Teilgebiet VIII/2, grenzen mit ihren jeweiligen westlichen Enden an die einstige F169 – die heutige B169. Im Sommer 1988 ist die bauliche Entwicklung fast abgeschlossen. Auf der Marie-Tilch-Straße im BG VIII/2 drehen sich noch gut ein Jahr lang die Kräne.

## 1988

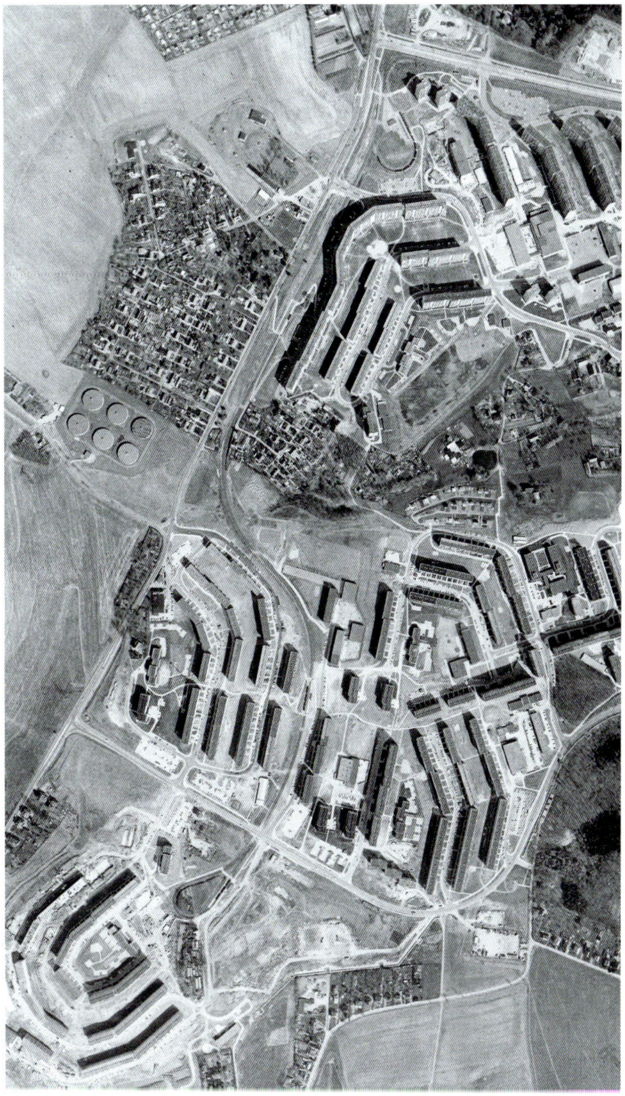

Danach finden für ein paar Jahre keine Bauaktivitäten entlang dieses Straßenabschnittes statt. In den 1990er Jahren versuchen die Verkehrsplaner, weiter stadteinwärts, die Straßenbahnlinie 4 in Einklang mit der Stollberger Straße zu bringen. Im Rahmen des Stadtumbauprogramms wurde in den 2000er Jahren über die Stollberger Straße ein Großteil der abgebrochenen Betonplatten wieder abtransportiert.

## Markersdorf-Süd, das ehemalige BG VII, im Wandel der Jahre

1945

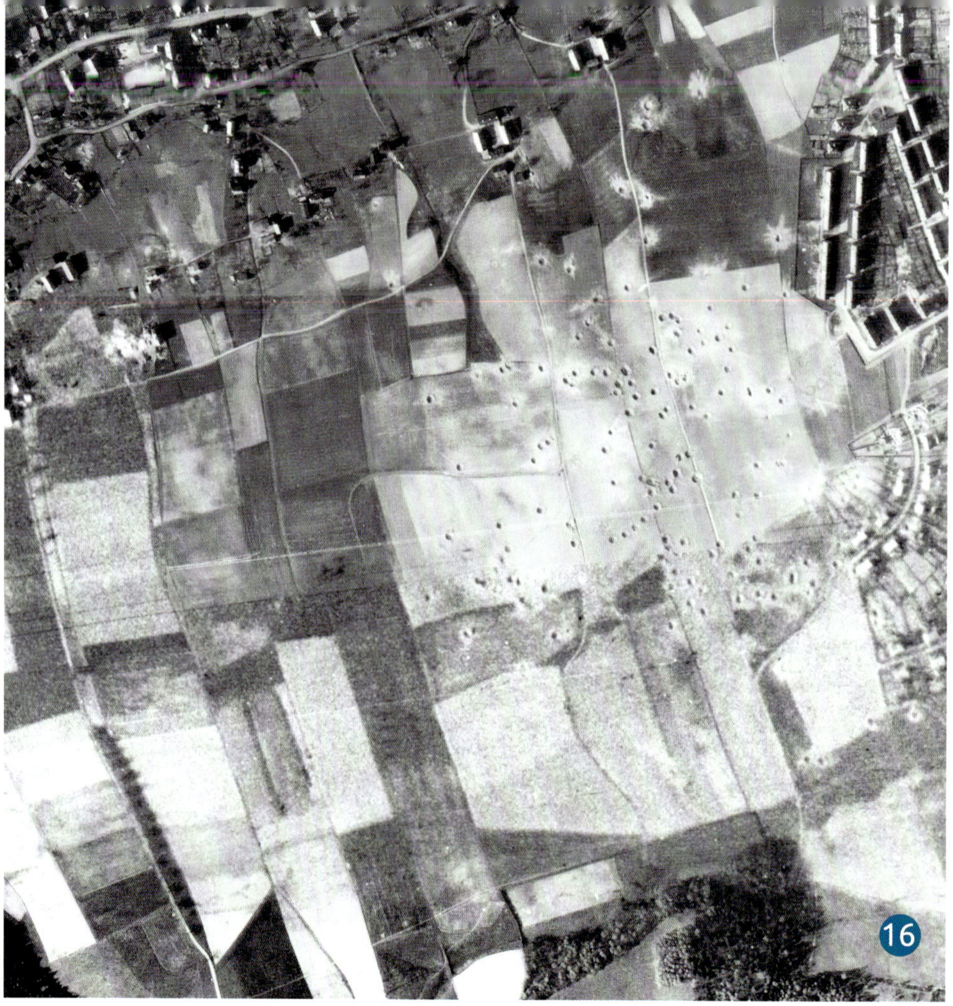


1983

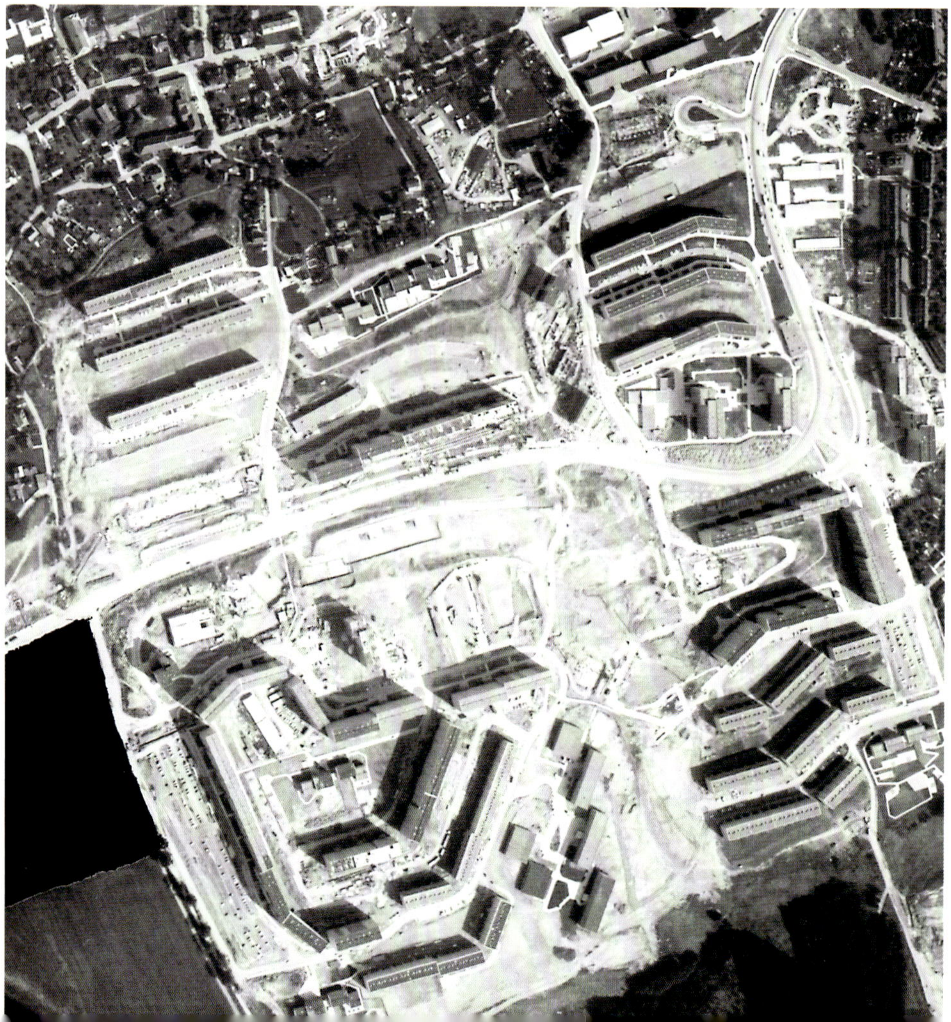

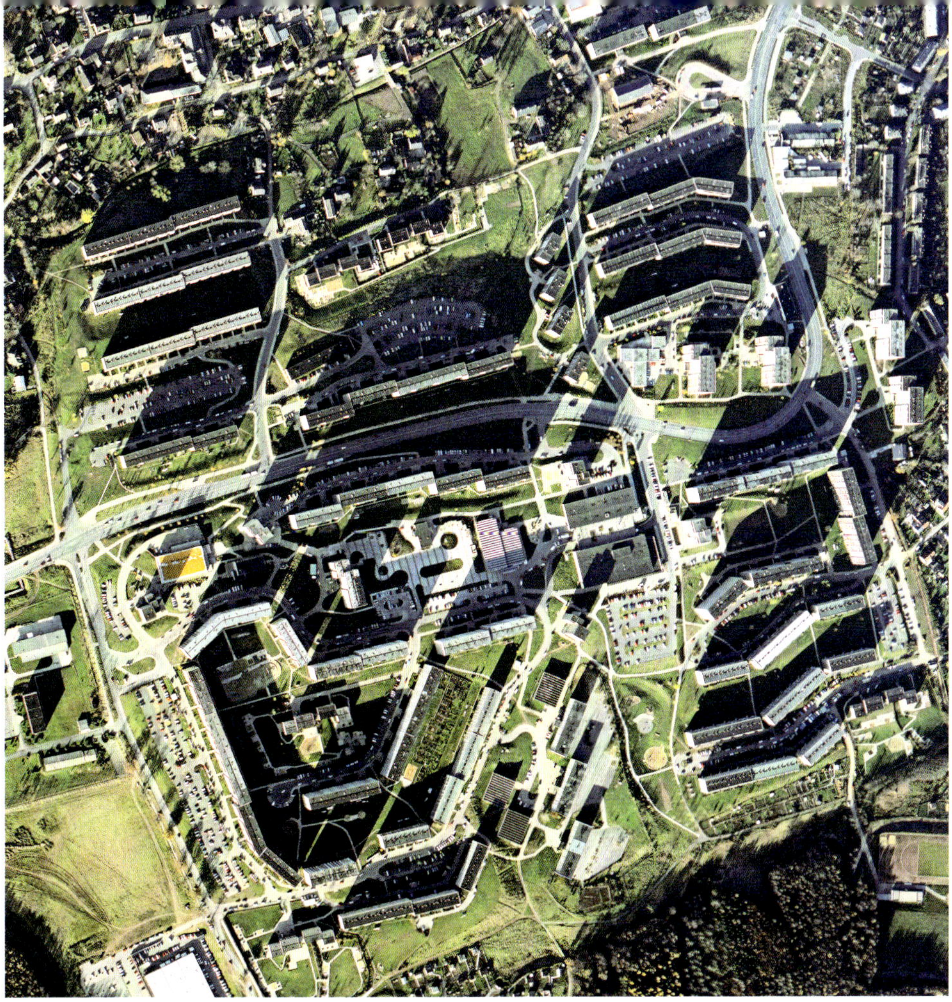

## 1992

Markersdorf-Süd ist eine richtige Stadt in der Stadt. Mehr als 5675 Wohnungen waren einst für etwa 13700 Bewohner geplant. Sogar eine eigene Straßenbahnlinie und eine Brücke über das Markersdorfer Tal sollte es geben. Fünf Schulgebäude samt Turnhallen standen den Kindern und Jugendlichen zur Verfügung. Ende März 1984 wurde im Wohnhaus Wolgograder Allee 29 die 25000. Wohnung des Fritz-Heckert-Gebietes übergeben. Im Oktober 2004 wurde sie dann, wie all die anderen Wohnungen dieses Hauses, wieder abgerissen. Heute befindet sich hier die Markersdorfer Oase.

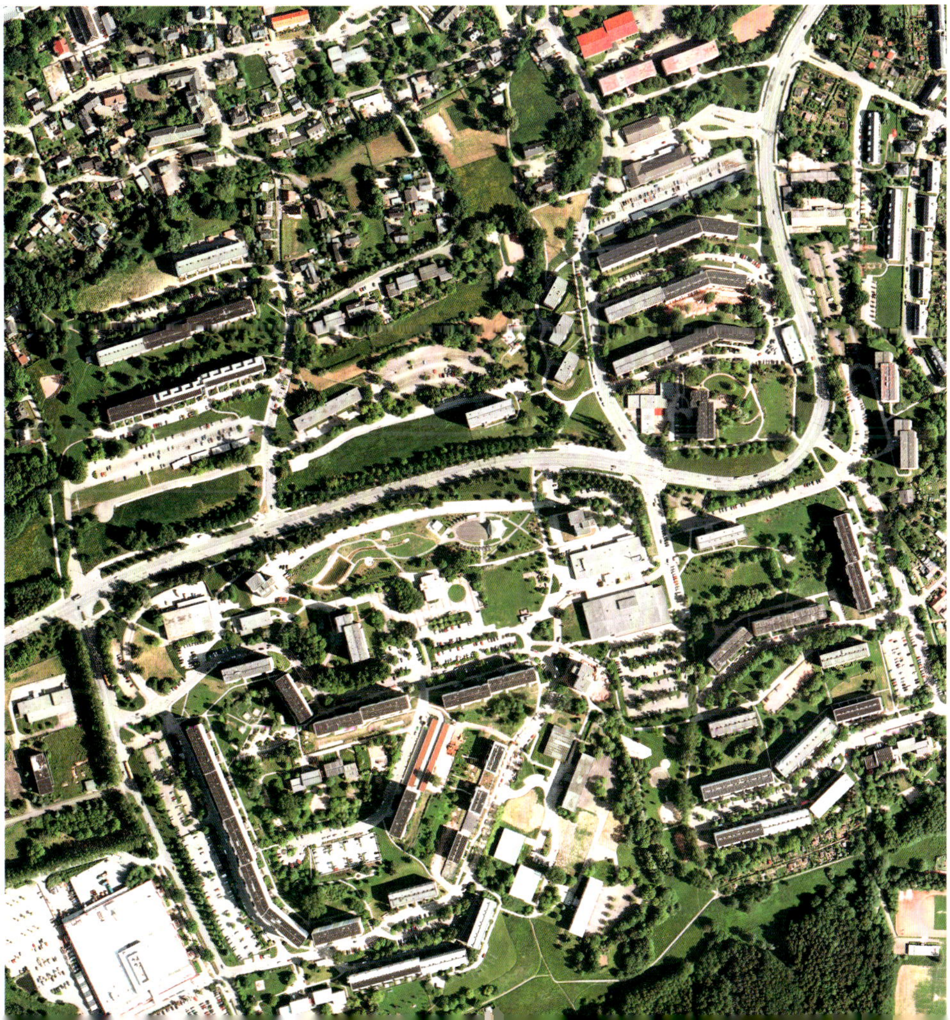

## 2009

# 2013

Am 12. Juni sind die Lücken zwischen den Wohnhäusern größer geworden. Im Rahmen des Stadtumbaus wurden etwa 11 000 Wohnungen sowie mehrere Schulgebäude abgerissen – viele andere aufwendig saniert. Turmdrehkräne, Lkw mit Abrissschutt und dröhnender Lärm von Minibaggern, welche die obersten Etagen zurückbauten oder den Fahrstuhlschacht absenkten, waren vielerorts im Wohngebiet anzutreffen. Der Rückbau großer Teile der »Stadtmauer« ist seit einigen Jahren beendet. Doch der Abriss ist nicht alles. Der Abriss führte zur Auflockerung – diese wiederum bewirkte eine Aufwertung des Wohnumfeldes. Mitunter entstanden wahre Kleinode auf den freigewordenen Flächen. Besonders schön und mit Anziehungskraft über die Grenzen des Wohngebietes hinaus ist die Markersdorfer Oase in Markersdorf-Süd geworden.

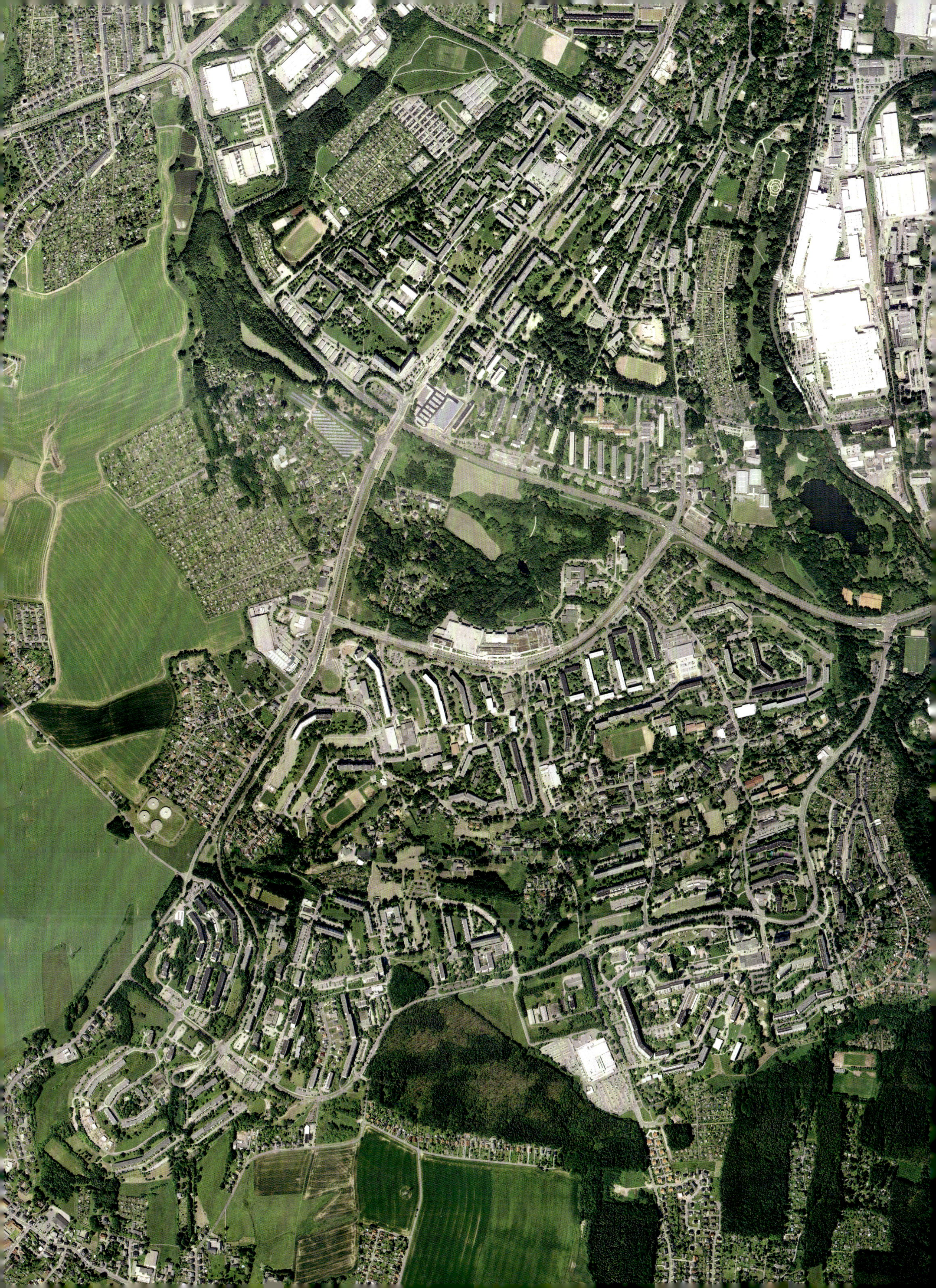

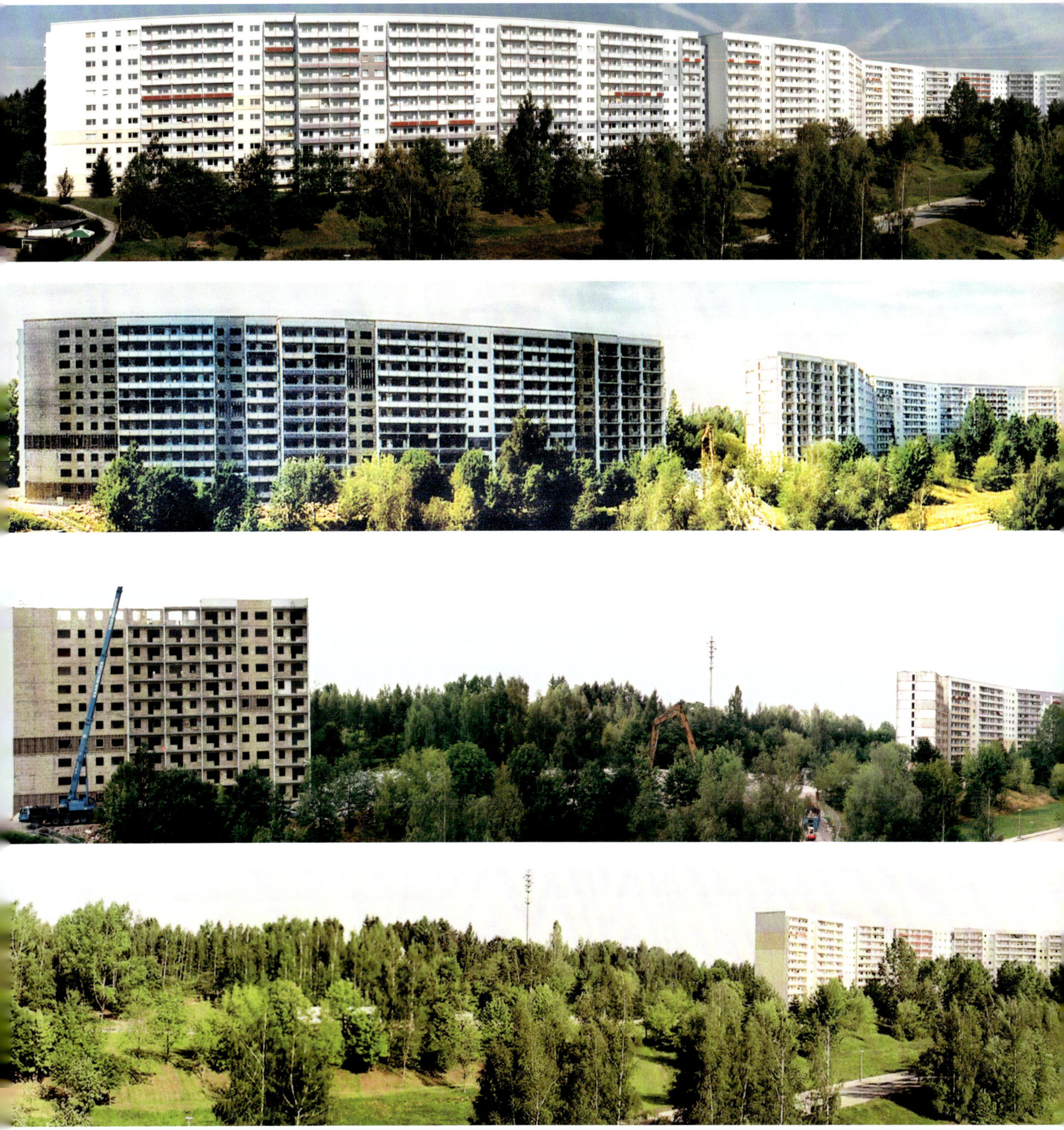

Die »Stadtmauer« im Wandel der Zeit: August 2007, Juni und Juli 2008 und Mai 2009

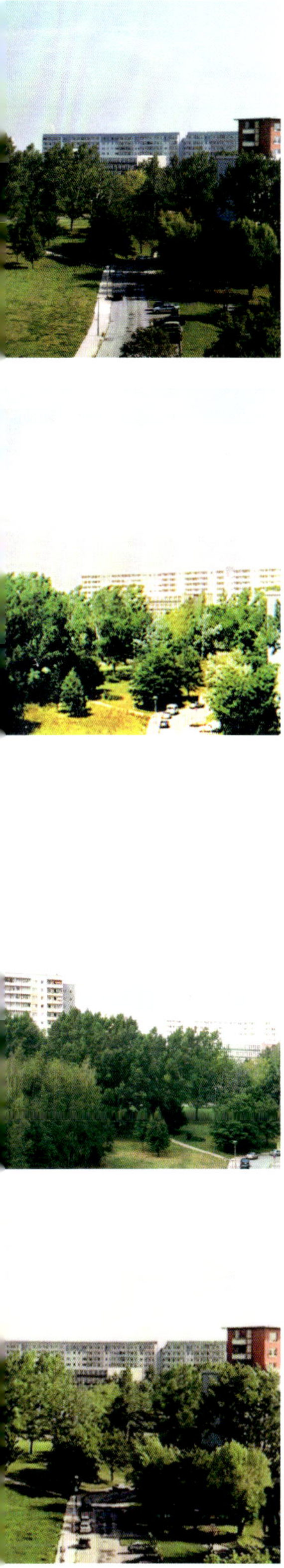

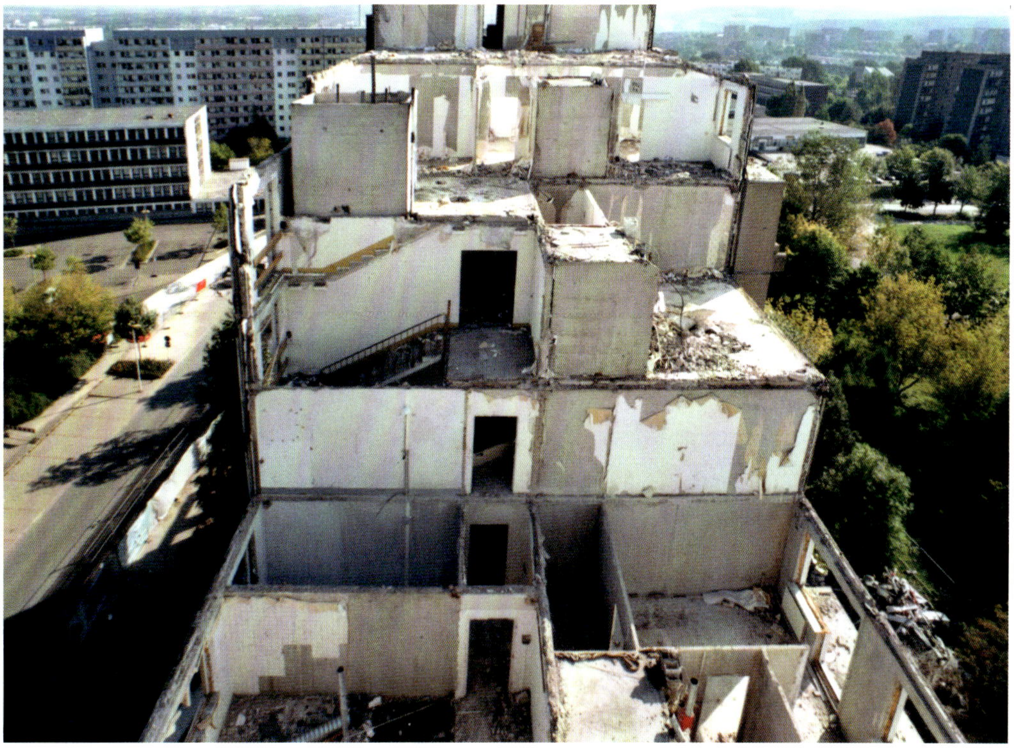

Markersdorfer Straße 143 – 147 im September 2005

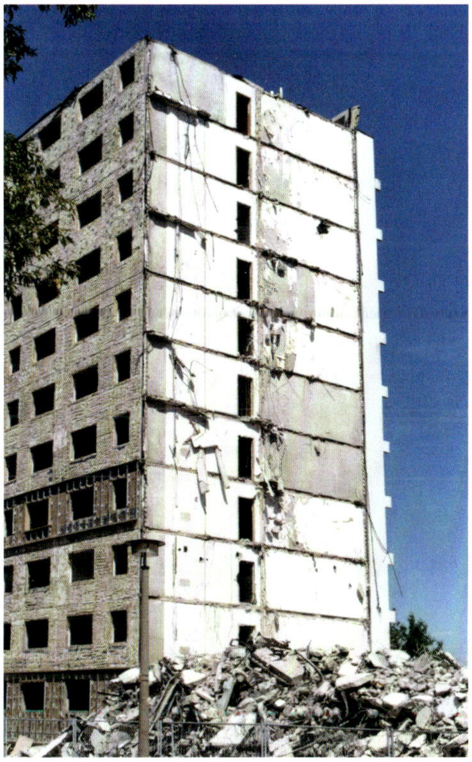

Johann-Richter-Straße 9 im Juni 2008

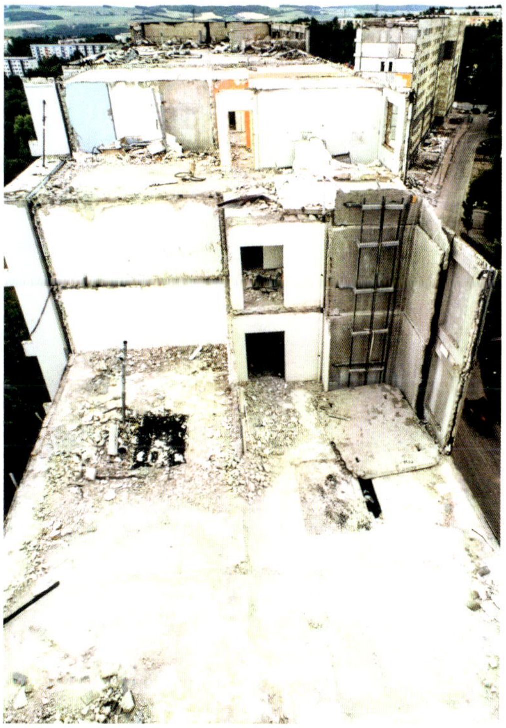

Johann-Richter-Straße 9 im Juni 2008

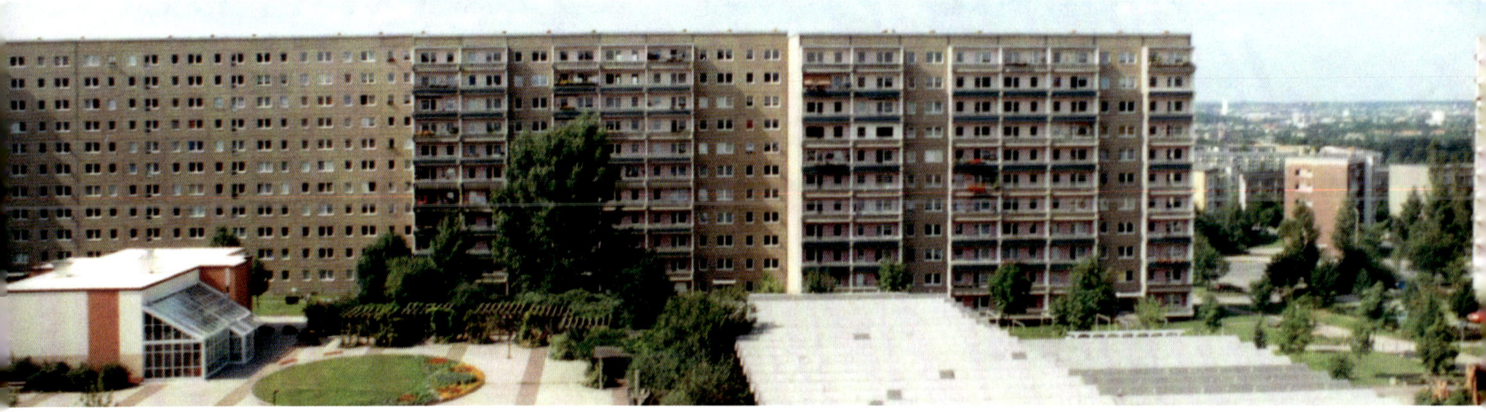

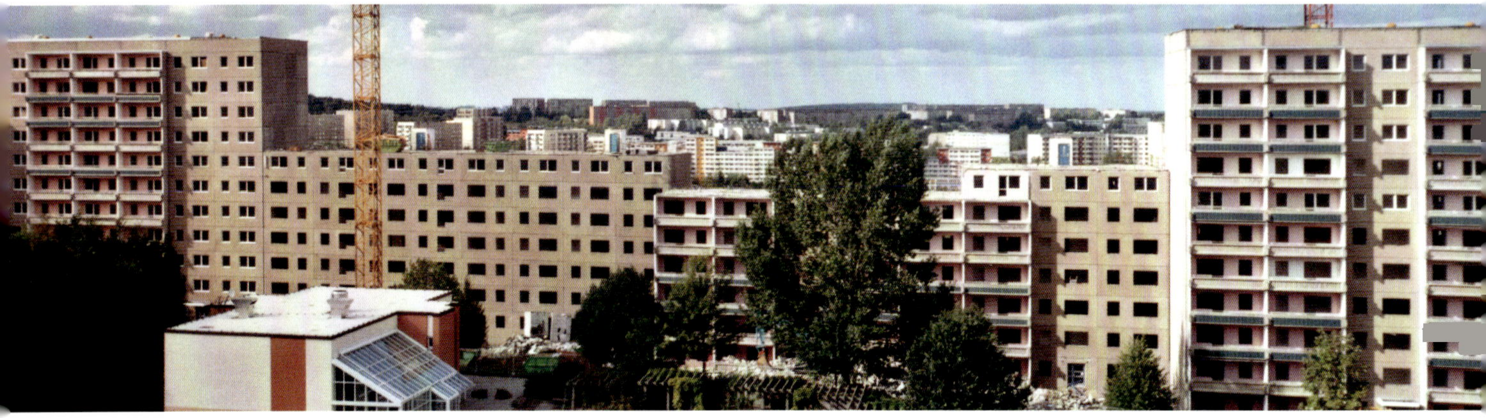

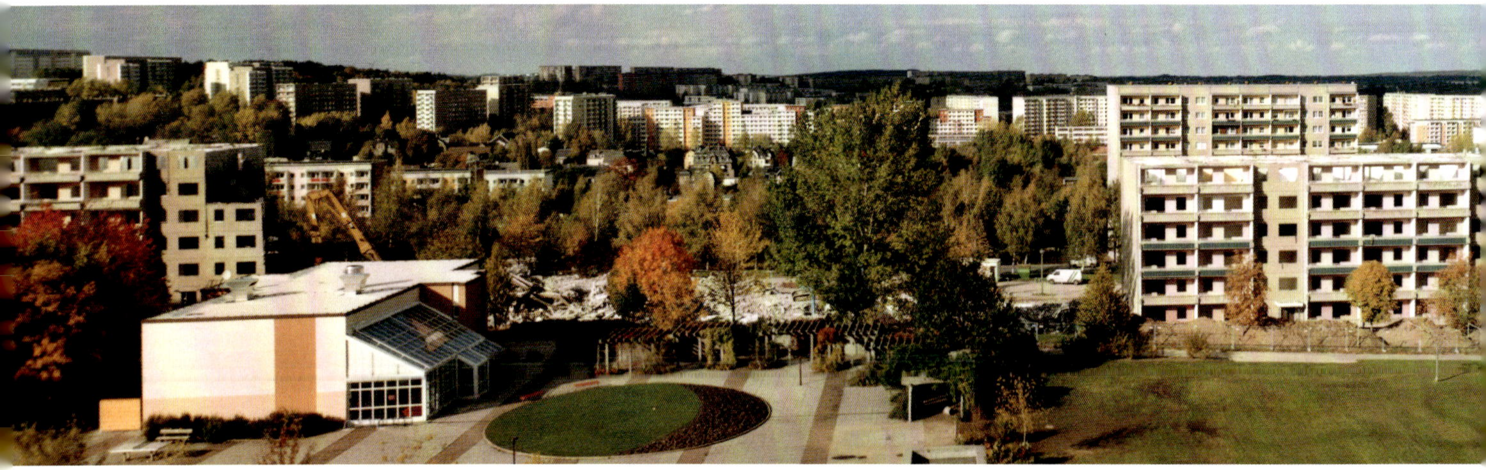

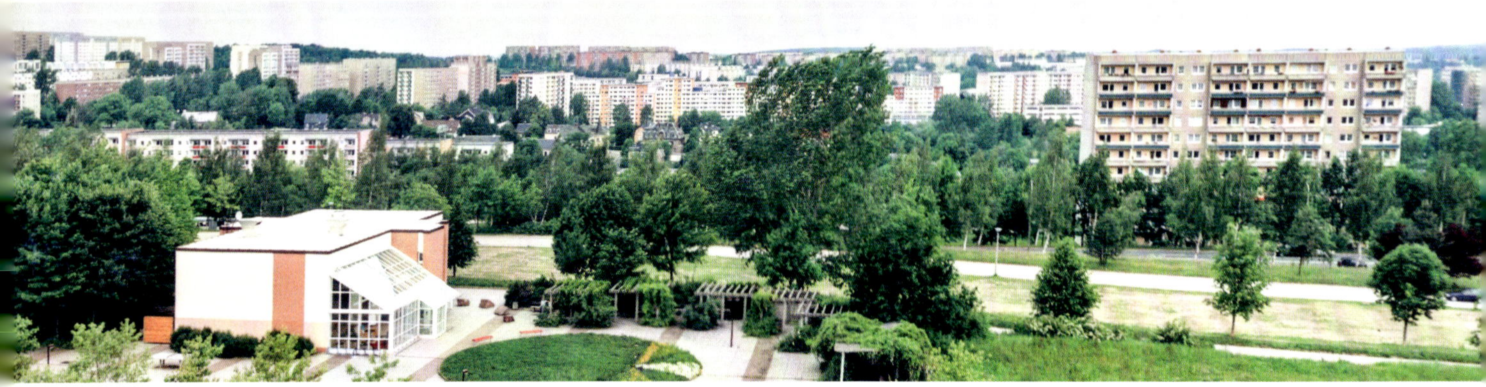

Die Gründe für den in den 2000er Jahren stattgefundenen Wohnungsabriss lagen vor und nach der Wende 1989/90. Zum einen wies das Neubaugebiet schon bei seiner Errichtung Defizite auf. Zum anderen bewirkten nach 1990 die Deindustrialisierung und die Suburbanisierung – wer konnte, bezog ein eigenes Haus im Umland – einen Wegzug aus der Stadt und damit aus dem Wohngebiet. Zusätzlich wirkte sich der demografische Wandel negativ auf das Wohngebiet aus. In der Folge fand von 2002 bis 2010 der Stadtumbau statt. Für die Vermieter stellte die Koordinierung des Abrisses eine große Herausforderung dar.

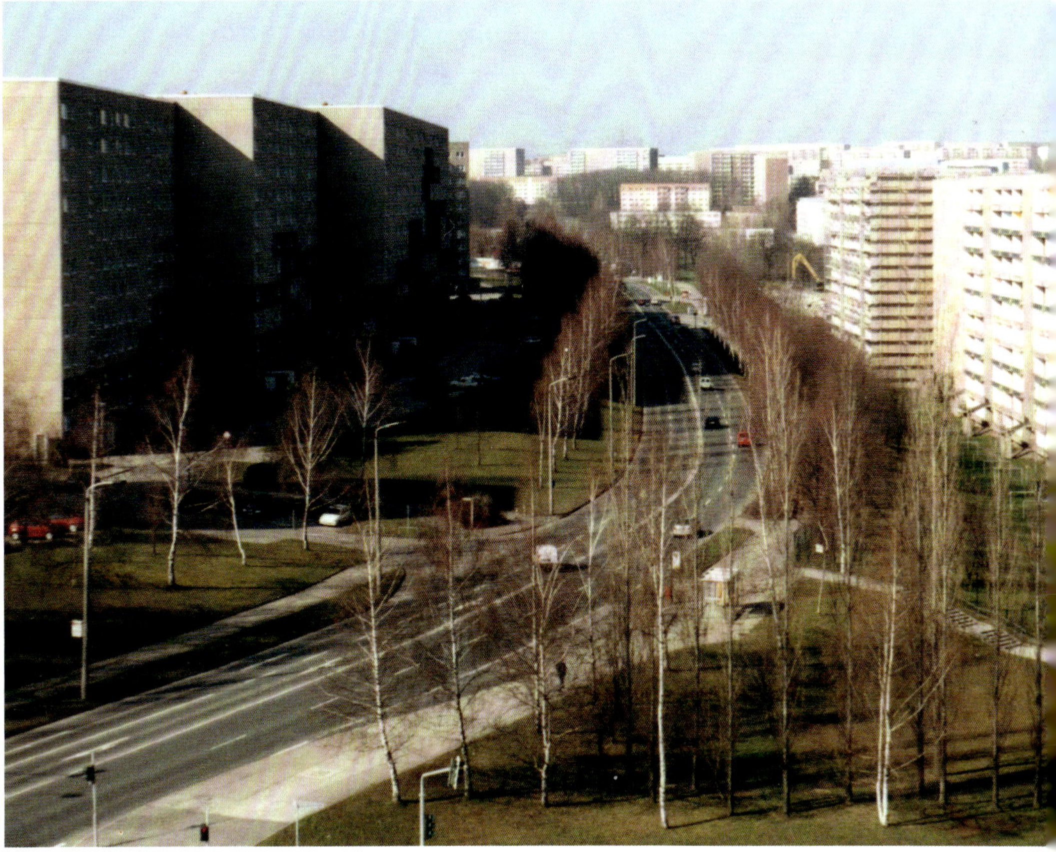

Der Abriss entlang der Wolgograder Allee 11–29 im März 2004 und Juni 2005

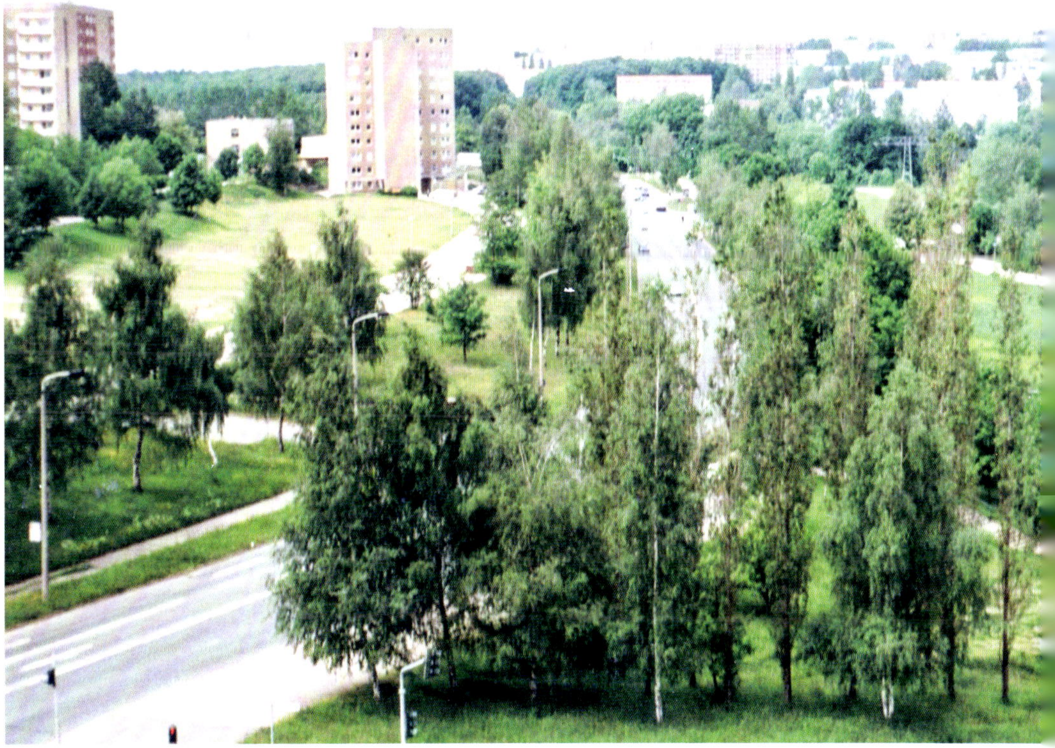

## 2019

Die gut 245 000 Chemnitzer können auf ihre moderne und vielfältige Kulturstadt stolz sein. Wohl jeder Chemnitzer trägt heute seine persönlichen Erlebnisse, Geschichten und Gedanken zum immer noch riesigen Wohngebiet im Süden der Stadt bei sich. Am 5. Oktober des Jahres 2019 beging das Wohngebiet »Fritz Heckert« sein 45. Jubiläum der Grundsteinlegung. Vieles hat sich im Chemnitzer Süden in den vergangenen viereinhalb Jahrzehnten verändert. Auf den einstigen Wiesen und Feldern wuchsen Gebäude in den Himmel, so hoch wie drei Bauernhäuser. Es entstand eine Großwohnsiedlung einmal bis zum Horizont und wieder zurück. In den 1990er Jahren schrumpfte zunächst die Einwohnerzahl, später machten es ihr die Wohnhäuser gleich, viele verschwanden. Aber die Schrumpfung schuf Platz für Neues. Dem Abriss folgten vielerorts umfangreiche Aufwertungsmaßnahmen, diese gaben den Quartieren ein hohes Maß an Wohnqualität, wie sie bis dahin noch nicht zu erleben war.

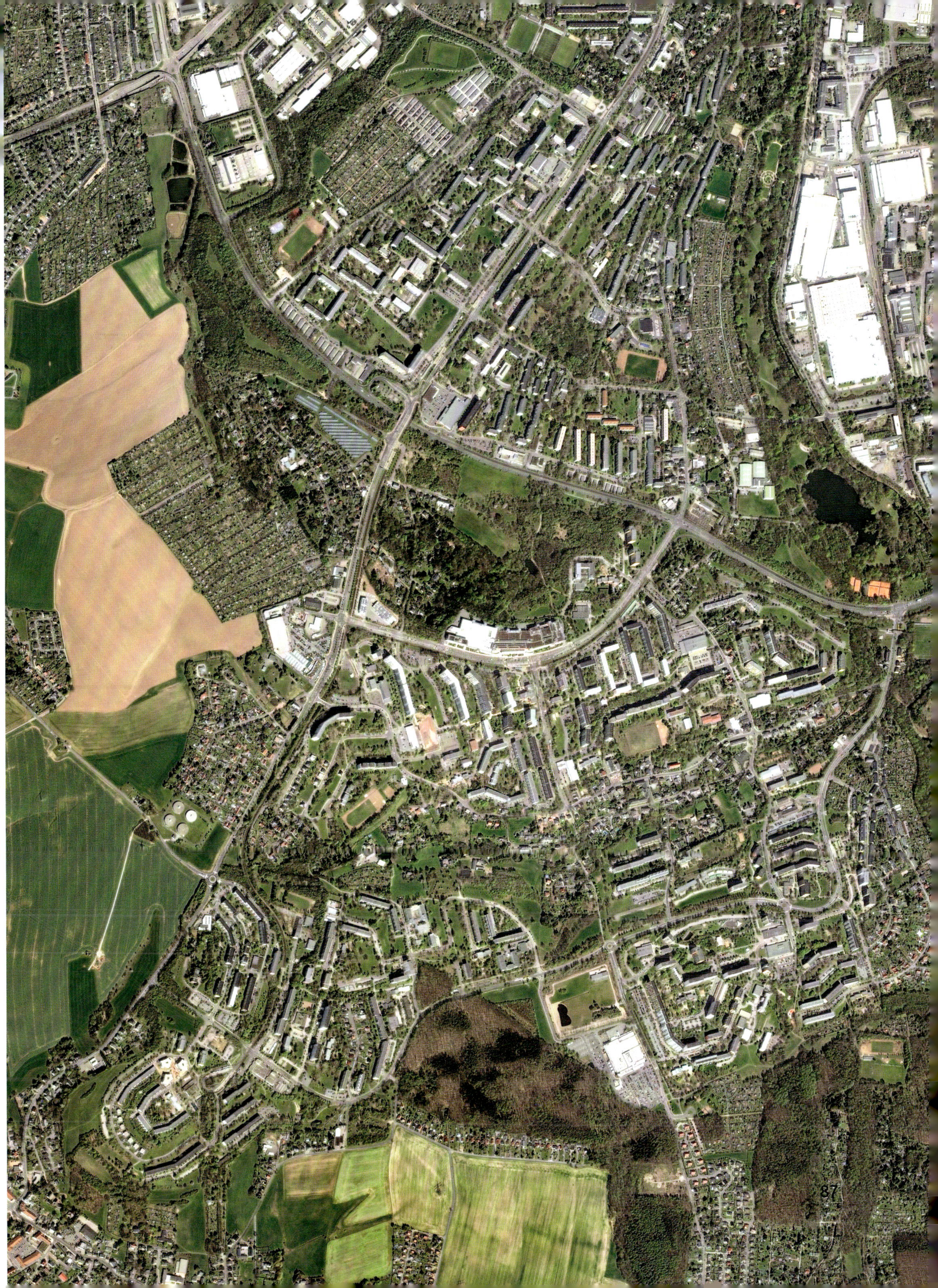

## Grün – Hell – Luftig: Das Wohngebiet nach dem Stadtumbau

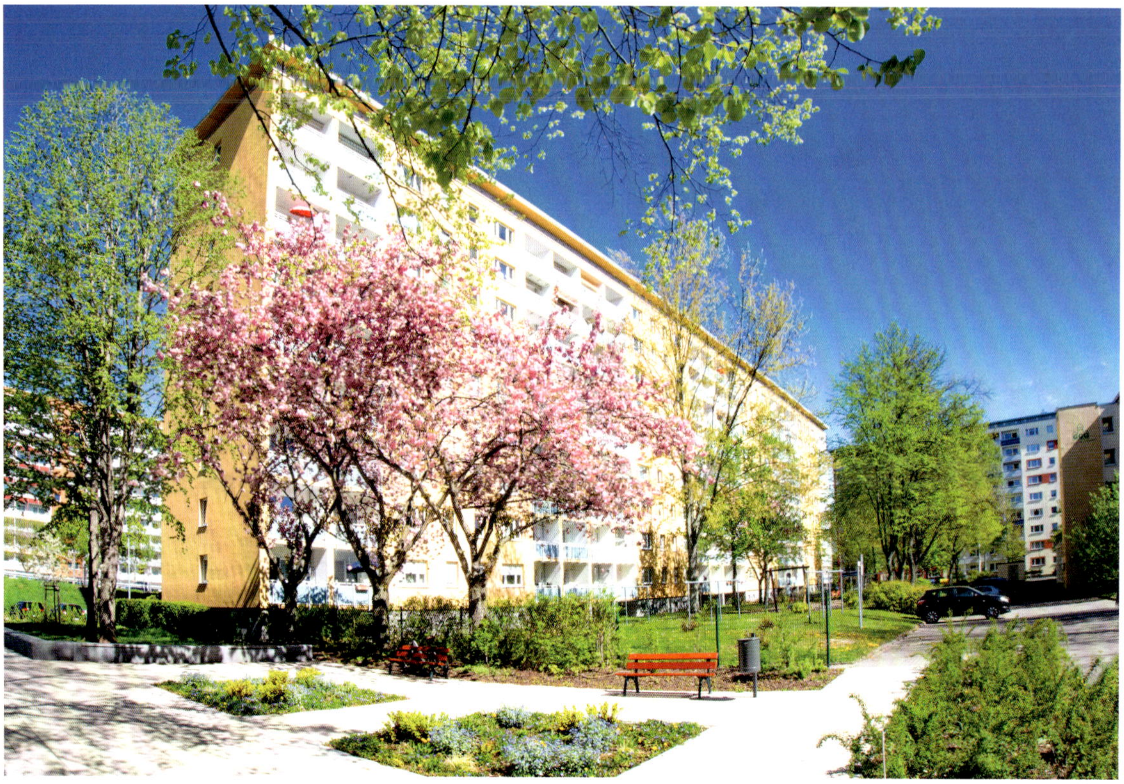

Wenzel-Verner-Park (oben)

Friedrich-Viertel-Straße (unten)

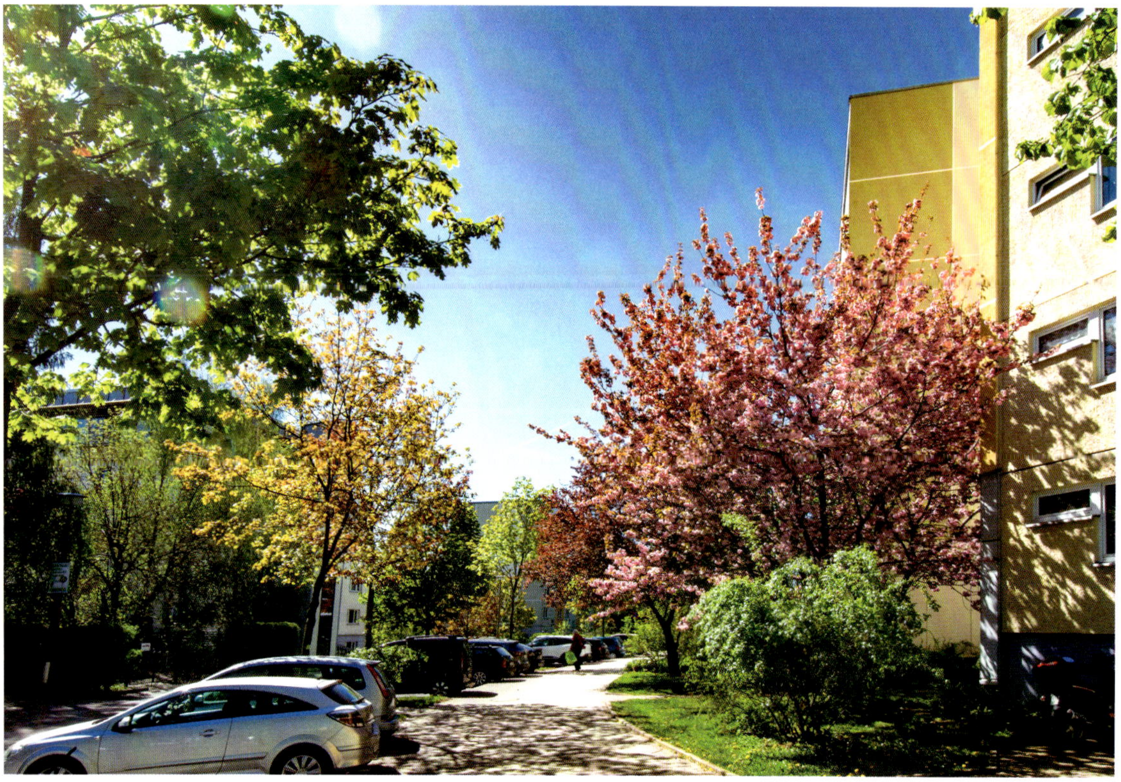

## 2019

Von den einst über 33 000 Wohnungen wurde mehr als ein Drittel vom Markt genommen. Die Großvermieter nutzten die Förderprogramme und konsolidierten ihre Wohnungsbestände. Nach Kräften wurde versucht, neben dem unvermeidlichen Abriss von Wohnungen einerseits, Defizite im Wohnumfeld andererseits zu beheben. Boulevards und öffentliche Plätze wurden mit neuem Gehwegmaterial versehen und moderne Stadtmöbel aufgestellt.

Vielerorts wurden Wohnungen und Fassaden saniert, mitunter Grundrisse auf Mieterwünsche angepasst. Die Spannweite der Grundrissanpassung reichte vom Herausnehmen einer Wand, über das Zusammenlegen von zwei Wohnungen auf einer Etage, bis zum vertikalen Verbinden von zwei Wohnungen. Es gibt Wartelisten für Wohnungen in attraktiven Lagen. Auf manchen Freiflächen sind Eigenheime entstanden.

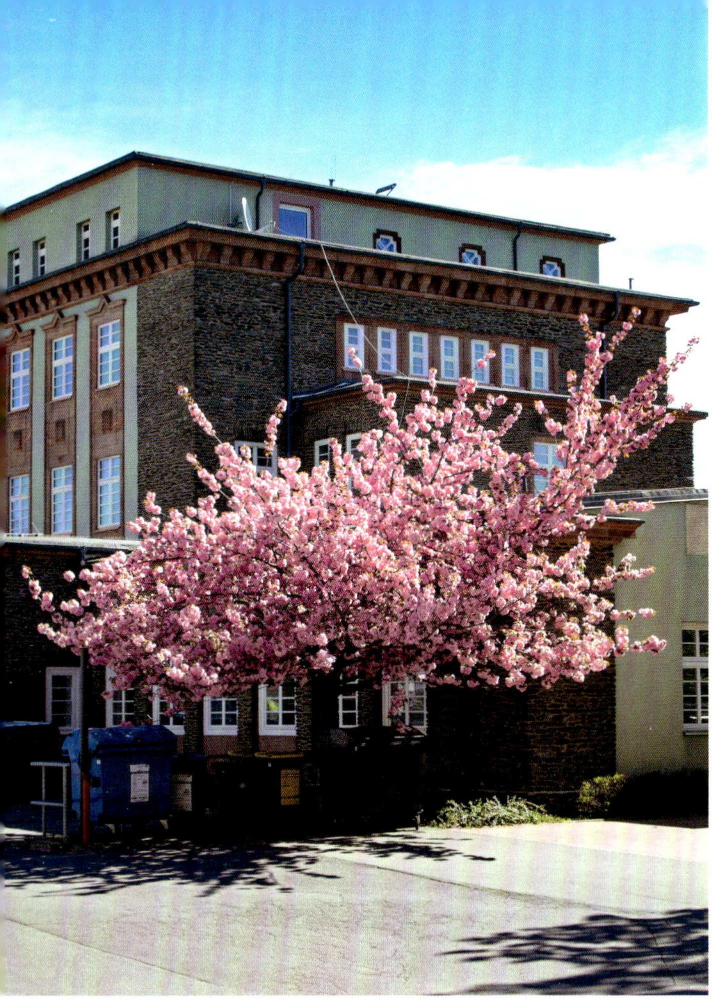

Altes Flughafengebäude

Johannes-Dick-Straße

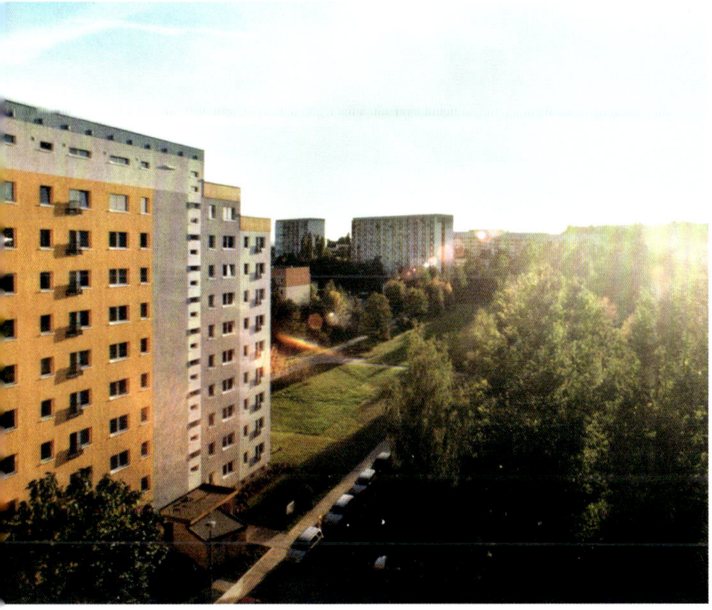

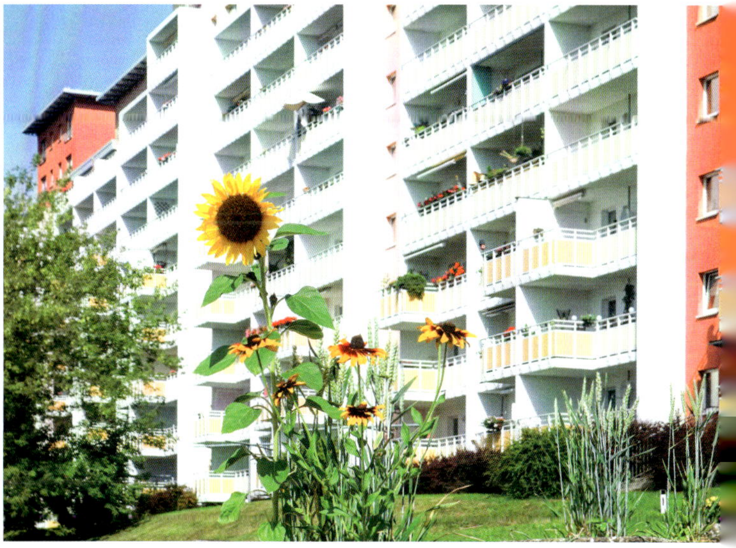

Max-Türpe-Straße 44–52

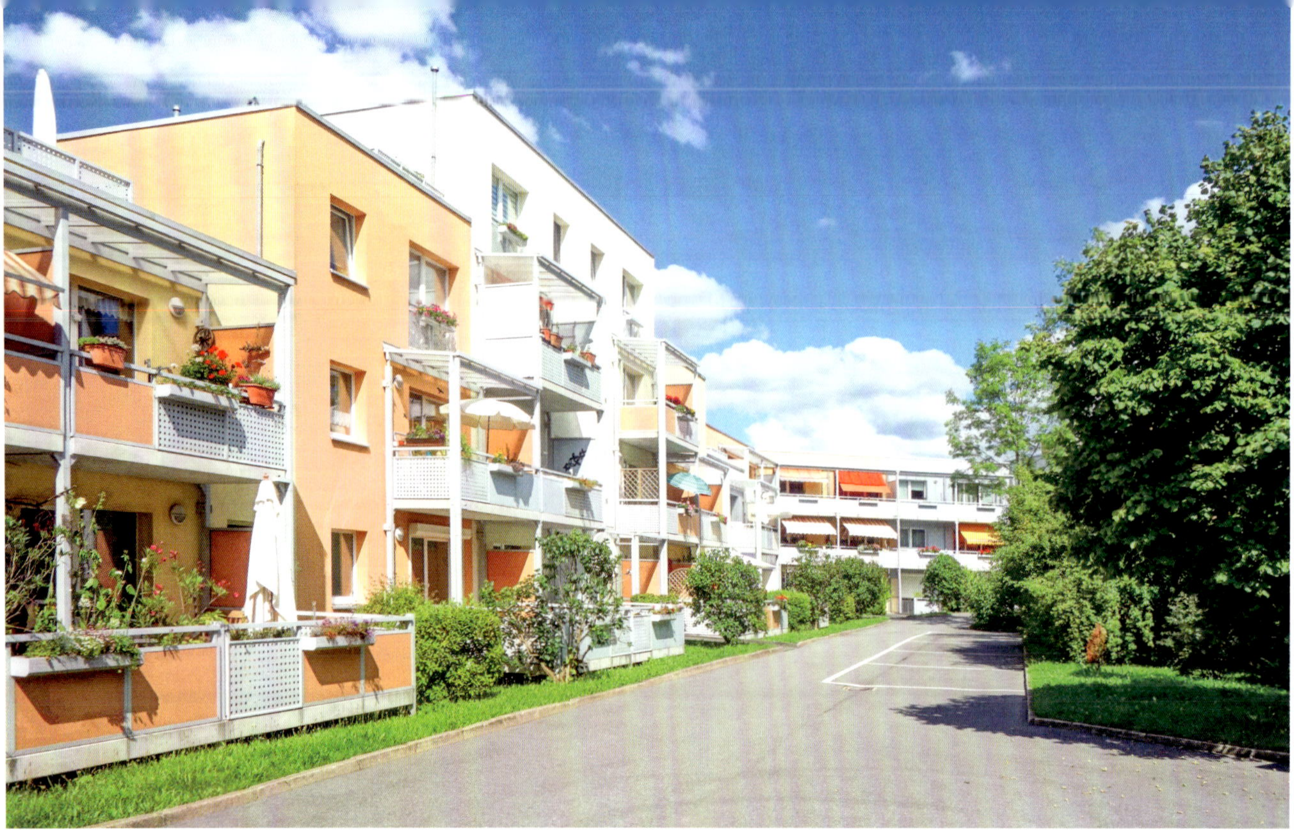

Markersdorfer Terrassen (oben) und das Markersdorfer Tal (darunter)

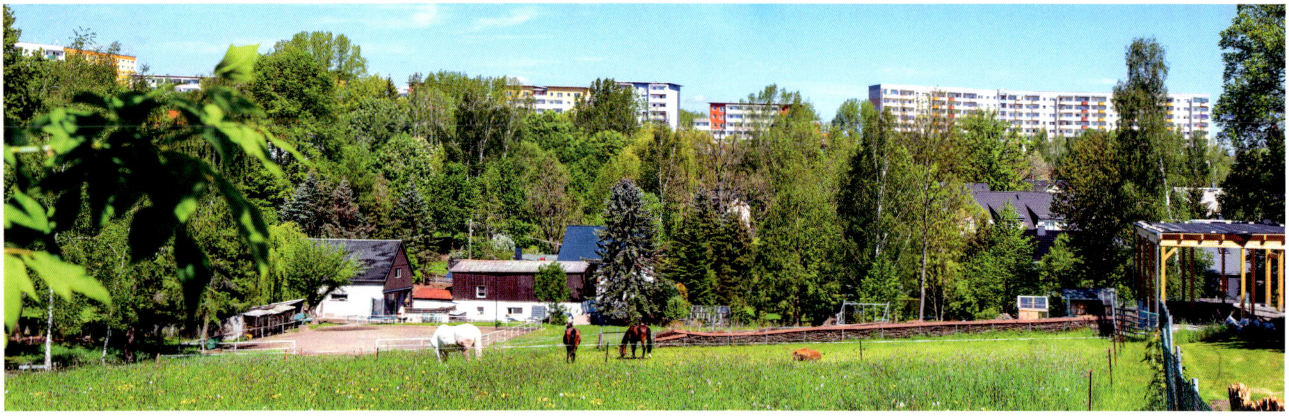

Markersdorfer Oase (unten)

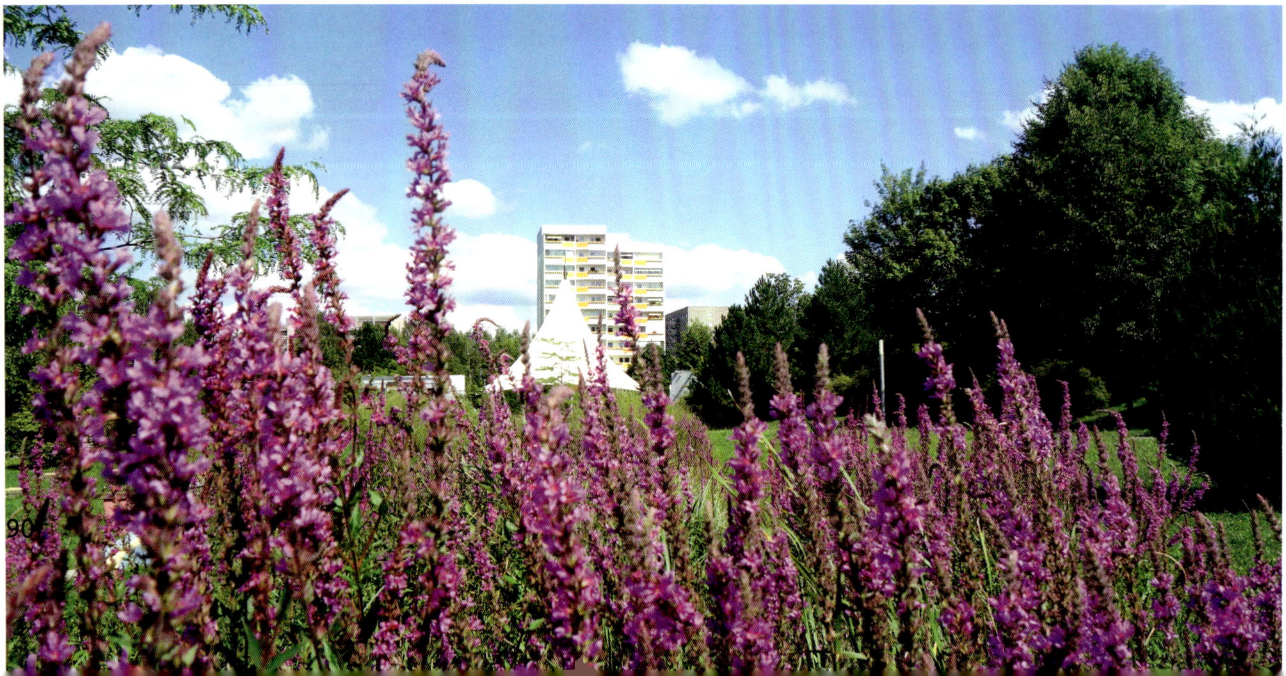

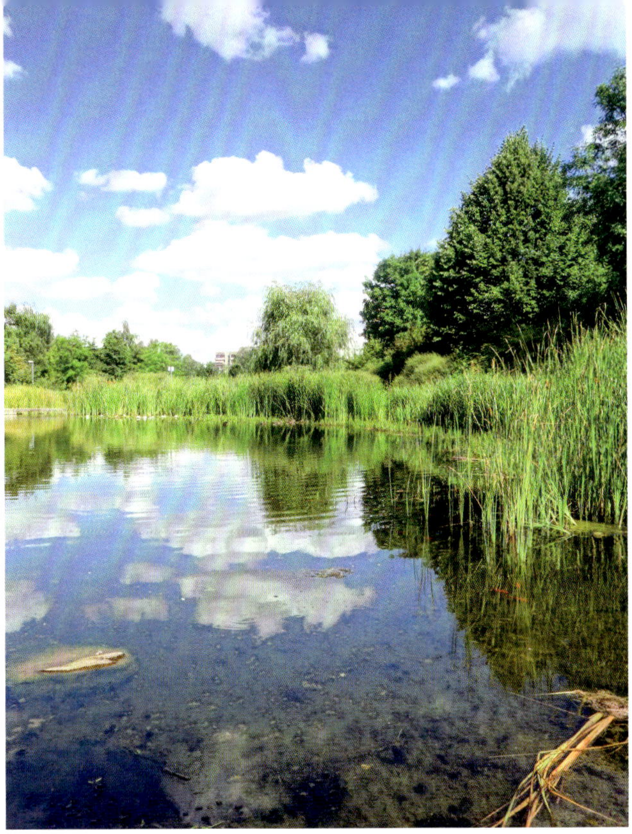

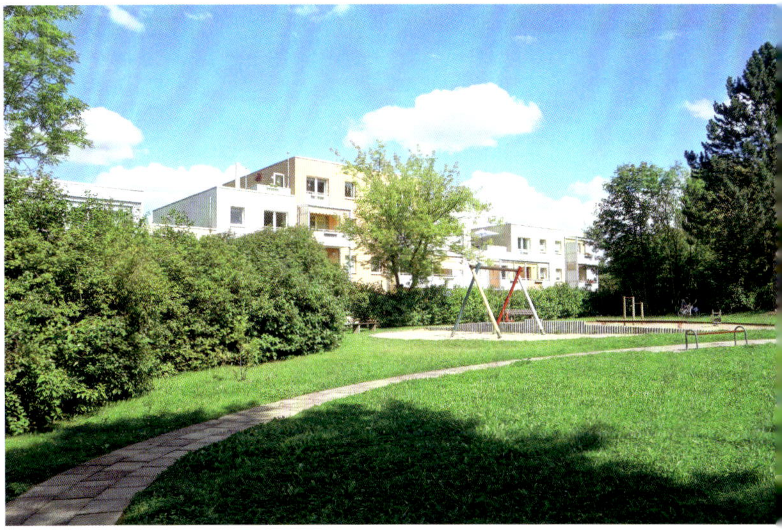

Ländliche Idylle in der Markersdorfer Oase

Rechts oben: Markersdorfer Terrassen

In den zurückliegenden Jahren gelang es weitere wichtige Schritte für die Weiterentwicklung des Wohngebietes zu realisieren. Lag der Fokus in den 2000er Jahren auf der städtebaulichen Umgestaltung von Wohnquartieren und der Modernisierung von Wohnungen, erfolgte ab der zweiten Hälfte der 2010er Jahre die Stärkung des bürgerlichen Engagements. Die wichtigste Institution ist hierbei das Bürgernetzwerk Chemnitz-Süd. Diese neu geschaffene Bürgerplattform dient der aktiven Förderung und Vernetzung engagierter Bürgerinnen und Bürger aller Ortsteile des Heckert-Gebietes. Es werden Bürgeranliegen wie auch Verbesserungsvorschläge der im Chemnitzer Süden ansässigen Gewerbetreibenden aufgegriffen, an die zuständigen Stellen in der Stadt Chemnitz weitergetragen, und schließlich wird kräftig für deren Umsetzung eingetreten.

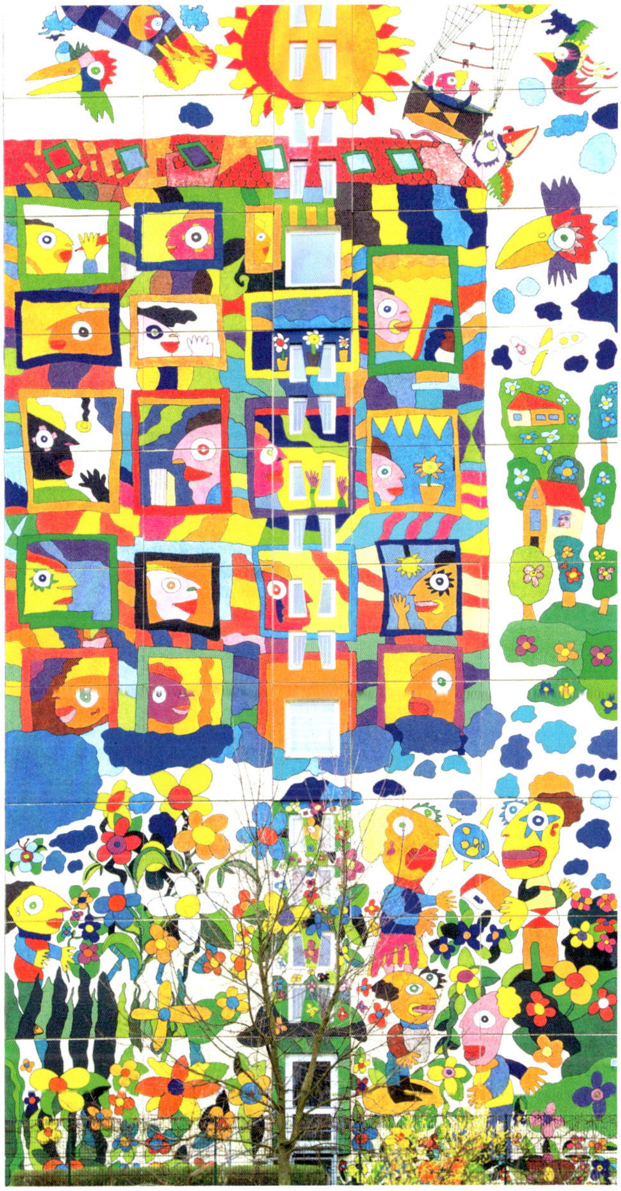

Alfred-Neubert-Straße 3 »Fischer-Art-Haus«

## Wissenswertes zu Luftbildern aus der Region

Luftbilder sind eine spannende und faszinierende Möglichkeit, die eigene Wohnumgebung aus der Luft zu betrachten. Sie bieten überdies eine Gelegenheit, den Wandel des Wohnumfeldes im Laufe der Jahrzehnte zu erleben. Luftbilder werden je nach Ausrichtung der optischen Achse der Kamera gegenüber dem Lot entweder in Flach-, Steil- oder Senkrechtluftbilder unterschieden. Alle hier abgebildeten Aufnahmen gehören zu den Senkrechtluftbildern. Angefertigt werden sie von Gebieten oder Objekten, deren Aufklärung oder Interpretation nur aus der Luft möglich ist.

Der Ursprung der Luftbildfotografie liegt im militärischen Bereich, erste Aufnahmen wurden von Ballonen aus in den 1850er Jahren angefertigt. Für den Chemnitzer Raum sind Luftbilder ab den 1920er Jahren verfügbar. Die Firma *Hansa Luftbild* beflog damals fotografisch interessante Orte im Stadtgebiet sowie im Umland. Das Fotografieren eines Areals aus der Luft ist ein anspruchsvolles technisches Verfahren. Es werden entweder Einzel- oder Reihenaufnahmen mit Überlappung angefertigt.

Durch die Überlappung der Aufnahmen in Richtung der Flugtrasse ist später das Aneinanderreihen der Bilder möglich, und es entstehen somit Flächenaufnahmen. Die Belichtungszeit muss in Abhängigkeit von der gewählten Brennweite, Flughöhe und Geschwindigkeit so gewählt werden, dass die Bilder keine Unschärfe aufweisen, gleichzeitig aber genügend stark belichtet sind. Denn auch bei einer geringen Belichtungszeit im Bereich von einer Tausendstel-Sekunde bewegt sich das Flugzeug dennoch um einige Zentimeter weiter.

Die Flughöhe ist abhängig vom zu erzielenden Maßstab, dieser wird wiederum bestimmt durch die Genauigkeit an Informationen, die gewonnen werden sollen. Zur besseren Interpretation des Bildes werden Symbole mit Fluginformationen dem Negativ beigefügt. Im hier gezeigten Einzelbild von Altchemnitz aus dem Jahr 1972 gibt zunächst die Dosenlibelle die lotrechte Lage der Kamera an.

Weitere Parameter waren der Zeitpunkt der Aufnahme, die Flughöhe, hier 2 850 Meter ü. NN, sowie das Datum und die Flugnummer. Das letzte Symbol gibt die Kamera-Nummer und die Brennweite in Millimetern an. Häufig verwendete Brennweiten liegen zwischen 200 und 400 mm.

Nach 1949 überflogen und fotografierten die zuständigen Stellen jährlich etwa ein Fünftel des Territoriums der DDR. Geplant wurden topografische Befliegungen, aber auch Spezialbefliegungen für Antragsteller aus Volkswirtschaft und Wissenschaft, von der Verwaltung für Vermessungs- und Kartenwesen des Ministeriums des Innern.

Sowjetische Luftstreitkräfte erstellten Luftbilder in den Jahren 1953 bis 1958, von 1959 bis 1982 war die *Nationale Volksarmee* (Bildkette der Transportfliegerstaffel) mit dieser Aufgabe betraut und von 1979 bis 1990 die *Interflug* (Betrieb Fernerkundung, Industrie- und Forschungsflug). Im Anschluss an den Fotoflug erfolgte stets die labormäßige Bearbeitung der Filme. Der *Militärtopographische Dienst* der NVA kontrollierte die Bilder, was dazu führte, dass entweder die Aufnahmen von militärisch genutzten Flächen oder Grenzgebieten entfernt oder die Objekte unkenntlich gemacht wurden. Auch die Amerikaner fotografierten in Aufklärungsflügen die DDR. Für einen Überflug, sie kamen meist über Hof / Plauen herein und flogen über Rostock wieder hinaus, brauchten sie etwa 25 Minuten.

Heute erstellen vorwiegend angelsächsische Firmen Luftbilder. Aufgrund der technischen Möglichkeiten werden diese mehrmals im Monat von Satelliten aus aufgenommen. Luftbilder ab den 2000er Jahren können mittels Anfrage an die je-

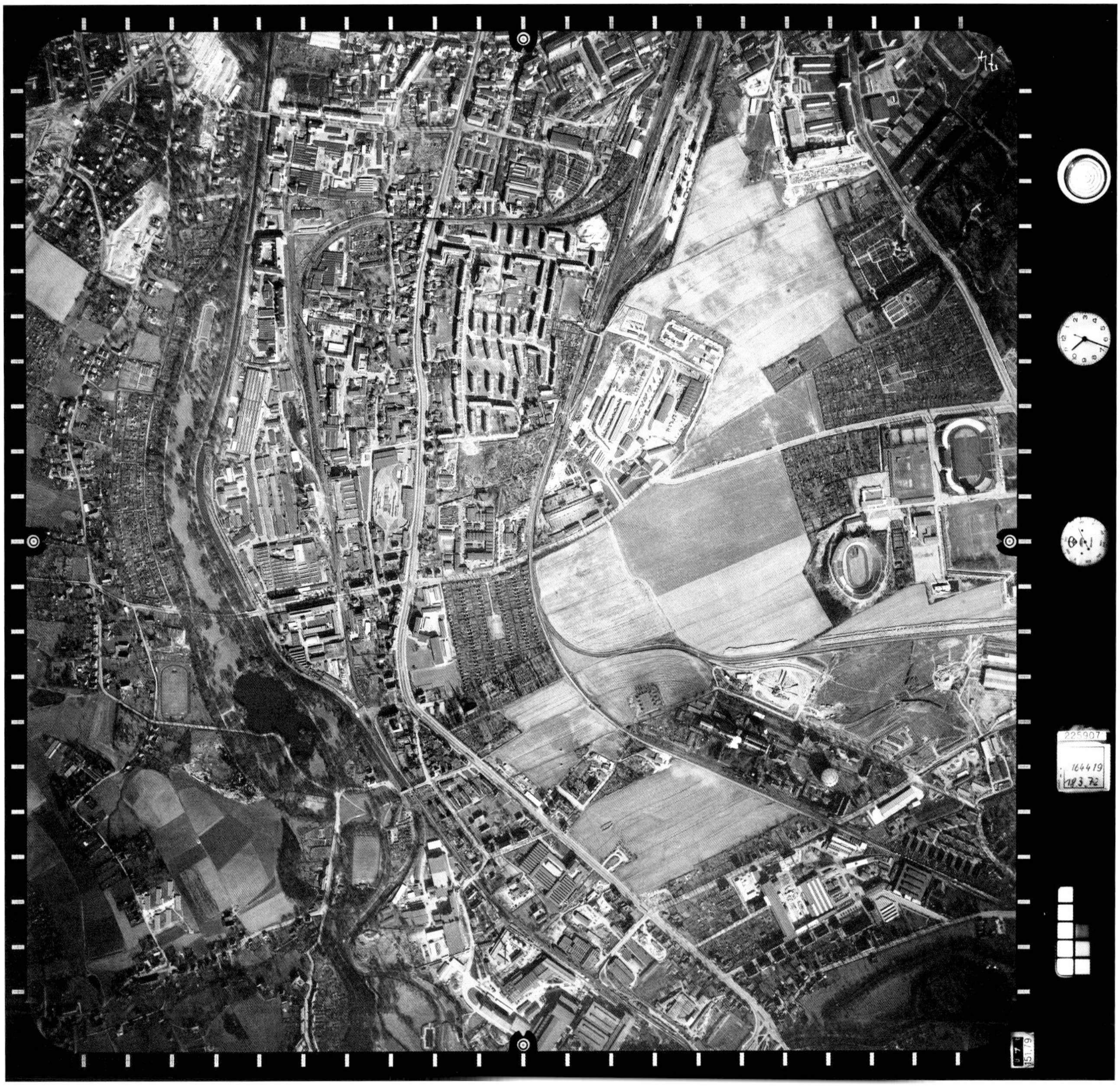

weiligen Anbieter in sehr guter Qualität und hoher Aktualität erworben werden.

Je nach Verwendungszweck, privat oder öffentlich, sollte bedacht werden, dass Google Earth nicht Eigentümer der gezeigten Luftbilder ist, sondern lediglich ein Portal zur Anzeige dieser zur Verfügung stellt. Eigentümer sind, je nach Zoomstufe, jene Unternehmen, die am unteren Bildschirmrand von Google Earth erscheinen. Bei einer öffentlichen Verwendung ist immer eine Genehmigung des Eigentümers notwendig.

Bei unzähligen Anfragen bezüglich der Bild- und Verwendungsrechte an verschiedene Luftbildfirmen mit Sitz im In- und Ausland trat ein weites Spektrum unterschiedlichster Antworten zutage. Eine US-Firma räumte ein, die genaue Rechtslage in Deutschland nicht zu kennen, andere antworteten äußerst kompetent und schnell. Falls sich Luftbilder im Besitz von Ämtern, Behörden oder öffentlichen Archiven befinden, muss unter Umständen mit längeren Zeiten für eine Antwort gerechnet werden.

# Bezug von Luftbildern für Chemnitz und Umgebung

| | |
|---|---|
| 1920er-1930er Jahre | Landesarchiv Nordrhein-Westfalen, Hersteller: Hansa Luftbild |
| 1940er Jahre | Schloßbergmuseum Chemnitz |
| 1940er- 1950er Jahre | Luftbild Datenbank DR. CARLS GMBH |
| 1950er Jahre | Sächsisches Landesamt für Umwelt, Landwirtschaft und Geologie |
| 1960er-1970er Jahre | Bundesarchiv Berlin Abteilung DDR |
| 1960er-1980er Jahre | U.S. Geological Survey, Landsat- Satellit |
| 1980er Jahre | Sächsisches Staatsarchiv Dresden |
| 1990er-2010er Jahre | Staatsbetrieb Geobasisinformation und Vermessung Sachsen (GeoSN) |
| Aktuelle Luftbilder | Maxar Technologies (ehemals Digital Globe)<br>ESA Copernicus EO Support<br>Geo Content<br>NASA EarthDATA |
| Informationen zum Thema Luftbilder: | Zentrum für Militärgeschichte und Sozialwissenschaften der Bundeswehr in Potsdam |
| Literatur: | Beaujean, Kurt, Militärtopographie – Lehrbuch für die NVA der DDR, 1982.<br>NVA, Militärtopographischer Dienst des Hauptstabes, Auswertung von Luftbildern (A 042/1/003), 1973.<br>Welzer, Wilfried, Luftbilder im Militärwesen 1985. |

# Abbildungen

S. 7–13 Luftbilddatenbank Dr. Carls GmbH. Bild Nr. 2013, 2014, 2015.
S. 15 Luftbilddatenbank Dr. Carls GmbH. Bild Nr. 8096.
S. 16 Sammlung Engst, Ansichtskarte.
Sammlung Engst/ »Spurensuche Altes Markersdorf«.
S. 17 Sammlung Engst/ »Spurensuche Altes Markersdorf«.
S. 18, 19 Sammlung Engst, Ansichtskarten (3x).
S. 21 Bundesarchiv, Bild 180–284_57_067.
S. 22 Luftbilddatenbank Dr. Carls GmbH. Bild Nr. 7064.
Bundesarchiv, Bild A164419-72-76.
S. 23 SLUB Dresden. Deutsche Fotothek. df_hauptkatalog_0305789. Hahn, Walter.
S. 24 ddrbildarchiv.de/Manfred Uhlenhut; Pressefoto ID 61476.
S. 25 GeoSN, dl-de/by-2.0, Luftbild 2009.
S. 27 Bundesarchiv, Bild A59944–67–9213; Bild A59944–67–9245; Bild A59944-67–9247.
S. 28–31 Sammlung Engst, Ansichtskarten.
S. 33 Bundesarchiv, Bild C164419-72-74; Bild C164419–72–132; Bild C164419–72–134.
S. 34 Bundesarchiv Berlin, DH 1/31322.
S. 35 IRS(Erkner)/Wiss.Samml., IRS_A_05_08_31-01.
S. 36 Frau Anita Franz, aufgewachsen in Helbersdorf (2x).
S. 37 IRS(Erkner)/Wiss.Samml., IRS_A_05_08_04-03.
IRS(Erkner)/Wiss.Samml., IRS_A_05_08_19-01.
IRS(Erkner)/Wiss.Samml., IRS_A_05_08_20-05.
S. 39 Bundesarchiv, Bild 205_78_5; Bild 180–205–78–37; Bild 180–205–78–39.
S. 40 Luftbilddatenbank Dr. Carls GmbH. Bild Nr. 8096.
Bundesarchiv, Bild C164419–72–74.
S. 41 Bundesarchiv, Bild 180–205–78–39.
Sächsisches Staatsarchiv Hauptstaatsarchiv Dresden. 13302 VEB Geodäsie und Kartographie Dresden, F 74–88, Teil 1 Nr. 009.
S. 42 Luftbilddatenbank Dr. Carls GmbH. Bild Nr. 8096.
Bundesarchiv, Bild C164419–72–134.
S. 43 Bundesarchiv, Bild 180–205–78–39.
Sächsisches Staatsarchiv Hauptstaatsarchiv Dresden. 13302 VEB Geodäsie und Kartographie Dresden, F 74–88, Teil 1 Nr. 130.
S. 45 Sächsisches Staatsarchiv Hauptstaatsarchiv Dresden. 13302 VEB Geodäsie und Kartographie Dresden, BF_559-83, Teil 1, Nr_007 + Teil 4, Nr_041.
S. 46–49 Sammlung Engst.
S. 50 SLUB Dresden. Deutsche Fotothek. df_n-13_0000360. Nosko, Eugen.
S. 51 Sammlung Engst
SLUB Dresden. Deutsche Fotothek. df_n-13_0000070. Nosko, Eugen.
S. 53 Sächsisches Staatsarchiv Hauptstaatsarchiv Dresden. 13302 VEB Geodäsie und Kartographie Dresden, F 74–88, Teil 1 Nr. 009 + Teil 1 Nr. 010 + Teil 2, Nr_130 + Teil 2, Nr_131.
S. 54 Bundesarchiv, Bild C164419–72–132.
S. 55 Sächsisches Staatsarchiv Hauptstaatsarchiv Dresden. 13302 VEB Geodäsie und Kartographie Dresden, BF_559-83, Teil 1, Nr_007.
S. 56 Sächsisches Staatsarchiv Hauptstaatsarchiv Dresden. 13302 VEB Geodäsie und Kartographie Dresden, F 74–88, Teil 1 Nr. 010.
S. 57 Satellite imagery (c) 2019 DigitalGlobe.
S. 59 GeoSN, dl-de/by-2.0, Luftbild 1992.
S. 60 SLUB Dresden. Deutsche Fotothek. df_hauptkatalog_0267374. Fotograf unbekannt.
SLUB Dresden. Deutsche Fotothek. df_hauptkatalog_0267368. Fotograf unbekannt.

| | |
|---|---|
| S. 61 | SLUB Dresden. Deutsche Fotothek. df_hauptkatalog_0267376. Fotograf unbekannt.<br>SLUB Dresden. Deutsche Fotothek. df_hauptkatalog_0267380. Fotograf unbekannt. |
| S. 63 | GeoSN, dl-de/by-2.0, Luftbild 1996. |
| S. 65 | Bundesarchiv, Bild 180–284_57_067.<br>Bundesarchiv, Bild 180–205–78–39.<br>Sächsisches Staatsarchiv Hauptstaatsarchiv Dresden. 13302 VEB Geodäsie und Kartographie Dresden, BF_559-83, Teil 1, Nr_007. |
| S. 66 | Wolfgang Schreiner, Sammlung Straßenbahnfreunde Chemnitz e.V., www.drehscheibe-online.de/foren/read.php?005,9074445 am 18.03.2020. |
| S. 67 | Ullrich Kickelhayn, Sammlung Straßenbahnfreunde Chemnitz e.V., www.drehscheibe-online.de/foren/read.php?005,9074445 am 18.03.2020.<br>Sammlung Engst. |
| S. 69 | GeoSN, dl-de/by-2.0, Luftbild 2000. |
| S. 70 | Bundesarchiv, Bild 180–284–57–067. |
| S. 71 | Bundesarchiv, Bild 180–205–78–39. |
| S. 72 | GeoSN, dl-de/by-2.0, Luftbild 1996. |
| S. 73 | GeoSN, dl-de/by-2.0, Luftbild 2009. |
| S. 75 | GeoSN, dl-de/by-2.0, Luftbild 2009. |
| S. 76 | Luftbilddatenbank Dr. Carls GmbH. Bild Nr. 8096.<br>Bundesarchiv, Bild 180–205–78–37. |
| S. 77 | Sächsisches Staatsarchiv Hauptstaatsarchiv Dresden. 13302 VEB Geodäsie und Kartographie Dresden, BF_559-83, Teil 1, Nr_007.<br>Sächsisches Staatsarchiv Hauptstaatsarchiv Dresden. 13302 VEB Geodäsie und Kartographie Dresden, F 74–88, Teil 1 Nr. 010. |
| S. 78 | Luftbilddatenbank Dr. Carls GmbH. Bild Nr. 2013, 2014.<br>Sächsisches Staatsarchiv Hauptstaatsarchiv Dresden. 13302 VEB Geodäsie und Kartographie Dresden, BF_559-83, Teil 1, Nr_007. |
| S. 79 | GeoSN, dl-de/by-2.0, Luftbild 1992.<br>GeoSN, dl-de/by-2.0, Luftbild 2009. |
| S. 81 | GeoSN, dl-de/by-2.0, Luftbild 2013. |
| S. 82–85 | eig. Aufnahmen, N. Engst. |
| S. 87 | Satellite imagery (c) 2019 DigitalGlobe. |
| S. 88–91 | eig. Aufnahmen, N. Engst. |
| S. 93 | Bundesarchiv, Bild C164419-72-74. |

## Zum Autor

Der Autor Norbert Engst ist Jahrgang 1983 und im Chemnitzer Süden aufgewachsen. Parallel zu seiner Berufsausbildung zum Betonbauer und zu seinem Studium des Bauingenieurwesens sowie der Landschaftsarchitektur begleitete er den Stadtumbau im Fritz-Heckert-Gebiet von 2000 bis 2012 mit der Fotokamera. Beruflich führte es ihn 2014 in die Schweiz, jedoch ist er durch Familie und Freunde bis heute im Wohngebiet verwurzelt. Seine Leidenschaft gilt der städtebaulichen Erforschung industriell gefertigter Großwohnsiedlungen – speziell dem Chemnitzer Wohngebiet »Fritz Heckert«. Bei Vorträgen, Gästeführungen und Kulturveranstaltungen engagiert er sich gesellschaftlich für den Chemnitzer Süden sowie für das Thema Ostmoderne.